LATEIN LEKTÜRE *aktiv!*

Helfried Gschwandtner (Hg.)

ARS RHETORICA

ROMS RHETORISCHES ERBE

ausgewählt und kommentiert von
Klemens Keplinger

- Modul *Rhetorik, Propaganda, Manipulation* (6-jähriges Latein)

öbv hpt
www.oebvhpt.at

Mit Bescheid des Bundesministeriums für Bildung, Wissenschaft und Kultur vom 1. Juni 2006, GZ 5.018/0035–V/9/2005, gemäß § 14 Abs. 2 und 5 des Schulunterrichtsgesetzes, BGBl. Nr. 472/86, und gemäß dem Lehrplan 2004 als für den Unterrichtsgebrauch an allgemein bildenden höheren Schulen für die 7. und 8. Klasse im Unterrichtsgegenstand Latein (sechsjähriges Latein) geeignet erklärt.

Dieses Werk wurde auf der Grundlage eines zielorientierten Lehrplans verfasst. Konkretisierung, Gewichtung und Umsetzung der Inhalte erfolgen durch die Lehrerinnen und Lehrer.

Schulbuchnummer: **125671**

Liebe Schülerin, lieber Schüler,
du bekommst dieses Schulbuch von der Republik Österreich für deine Ausbildung.
Bücher helfen nicht nur beim Lernen, sondern sind auch Freunde fürs Leben.

Lektorat: Thomas Herok
Reihendesign: Fritz Vesely
Gestaltung und Satz: Exakta GmbH, 1180 Wien

1. Auflage, Nachdruck 2007 (1,01)

Druck: Grasl Druck & Neue Medien GmbH, A-2540 Bad Vöslau
ISBN 978-3-209-**04914**-8

[1] (**WB**): Zur Arbeit mit dem Wörterbuch

Vorwort des Herausgebers

Die themenbezogenen Bände der Reihe „LATEIN-LEKTÜRE aktiv!" sind an die Anforderungen der aktuellen Lehrpläne (2004) besonders gut angepasst und enthalten alle Vorzüge, die auch die autorenbezogenen Bände auszeichnen:

- das klare, übersichtliche Layout (Doppelseitenprinzip)
- Texte, die auf das Interesse der Lernenden abgestimmt sind
- das sorgfältig ausgewählte Lektionsvokabular, das aus den Vokabeln besteht, die für das jeweilige Thema wichtig und typisch sind
- den reichhaltigen Fußnotenapparat, der das Erarbeiten der Texte sehr erleichtert und ein zügiges Übersetzen ermöglicht
- die vielfältigen Anregungen im Zusammenhang mit den Texten und über die Texte hinaus

Jedem, der Latein lernen will, soll das Erlernen möglich und die Auseinandersetzung mit lateinischen Texten anregend und interessant gestaltet werden. Die Reihe „LATEIN-LEKTÜRE aktiv!" ist diesem Ziel gewidmet. In diesem Sinn wünsche ich allen, die unsere Bände verwenden, viel Erfolg und Vergnügen!

Wien, im Sommer 2006
Helfried Gschwandtner

Aus dem aktuellen Lehrplan

Der seit dem Schuljahr 2004/05 gültige Oberstufenlehrplan sieht für das sechsjährige Latein innerhalb der 7. und 8. Klasse ein Modul **Rhetorik, Propaganda, Manipulation** vor:

„Die Schülerinnen und Schüler sollen grundlegende Formen und Elemente rhetorischer Darstellung kennen lernen, sich der sprachlichen Instrumente und Effekte bewusst werden und diese auch praktisch umsetzen. Dabei sollen sie anhand literarischer Beispiele darauf aufmerksam werden, welche Risken einseitige Propaganda in sich birgt."

Ars Rhetorica – Einleitung

Überreden – überzeugen – überlegen sein. Wer Rhetorik beherrscht, für den gilt diese Formel, im Rom oder Athen der Alten Welt genauso wie für uns heute. Demokratie ist ohne Rede und Gegenrede nicht denkbar, und wer in Beruf oder Gesellschaft erfolgreich sein will, muss seine Gedanken überzeugend präsentieren können. Rhetorik war daher seit jeher als eine der *septem artes liberales* (der eines freien Menschen würdigen Künste) ein wesentliches Element der Bildung des Menschen – um ihn zu befähigen, in der Gemeinschaft zu wirken, aber auch, um ihn eventuelle Versuche von Manipulation leichter durchschauen zu lassen.
Die vorliegende Textauswahl kann nur ein kleiner Ausschnitt aus dem weiten Feld von Theorie und Praxis der Rhetorik sein. Sie will anhand von Beispielen angewandter Rhetorik exemplarisch Facetten der Redekunst aufzeigen und dabei einen Bogen spannen vom privaten zum öffentlichen Leben, von der Antike bis in die Gegenwart. Vor allem aber soll sie Freude wecken am Umgang mit Sprache und anregen, möglichst vieles auch selbst praktisch auszuprobieren.

Kremsmünster/Wels, im Sommer 2006
Klemens Keplinger

Häufige Vokabel

auditor, auditoris *m.*	Zuhörer
causa, -ae *f.*	Fall, Prozess; Grund; Sache
colloquor 3, collocutus sum	etw. besprechen, sich unterhalten über
considero 1	bedenken; überlegen
delecto 1	unterhalten
disputatio, disputationis *f.*	(philosophisches) Streitgespräch
eloquens (*Gen.*: eloquentis)	redegewandt
eloquentia, -ae *f.*	Redekunst
eloquium, -i *n.*	Beredsamkeit; Sprache; Rede
elocutio, elocutionis *f.*	sprachlicher Ausdruck, Stil
expono 3, exposui, -positum	darlegen, erörtern
fateor 2, fassus sum	zugeben
hortor 1	ermutigen; auffordern
iudex, iudicis *m.*	Richter
iudicium, -i *n.*	Urteil(sspruch); Gerichtshof
iudico 1	halten für; urteilen
laudatio, laudationis *f.*	Lob(rede)
lex, legis *f.*	Gesetz
nego 1	leugnen; sagen, dass nicht …
opinor 1	glauben; meinen
oratio, orationis *f.*	Rede
orator, oratoris *m.*	Redner
oro 1	bitten
posco 3, poposci, –	fordern
praedicator, praedicatoris *m.*	Prediger
praedico 1	predigen
praetermitto 3, praetermisi, -missum	übergehen
probo 1	beweisen; gut finden
rhetoricus, -a, -um	rhetorisch, Rede-…
rumor, rumoris *m.*	Ruf; öffentliche Meinung
sensus, sensus *m.*	Sinn; Gefühl; Gedanke
sermo, sermonis *m.*	Gespräch; Rede; Predigt

Macht der Rede

Laus eloquentiae – Lob der Redekunst

*In dem fiktiven Dialog **„De oratore“** (verfasst 55 v. Chr.) lässt **Cicero** im Jahre 91 v. Chr. die bedeutendsten Redner ihrer Zeit, vor allem **Lucius Licinius Crassus** und **Marcus Antonius**, über den Beruf des Redners und Politikers diskutieren. Es war eine Zeit heftiger politischer Kämpfe – mit Parallelen zu Ciceros eigener und wohl auch unserer Zeit:*

(30) Neque vero quidquam mihi praestabilius[1] videtur, quam posse dicendo tenere hominum coëtus[2], mentes adlicere[3], voluntates impellere[4], quo[5] velit, unde autem velit, deducere: Haec una res in omni libero populo maximeque in[6] pacatis tranquillisque civitatibus praecipue[7] semper floruit[8] semperque dominata[9] est.

(33) (...) Quae vis alia potuit aut dispersos[10] homines unum in locum congregare[11] aut a fera[12] agrestique vita ad hunc humanum cultum civilemque deducere aut iam constitutis civitatibus leges, iudicia, iura describere[13]? (34) Ac ne plura, quae sunt paene innumerabilia, consecter[14], comprehendam[15] brevi: Sic enim statuo[16], perfecti oratoris moderatione[17] et sapientiā non solum ipsius dignitatem, sed[18] et privatorum plurimorum et universae rei publicae salutem maxime contineri.

Quam ob rem pergite[19], ut facitis, adulescentes, atque in id studium, in quo estis, incumbite[20], ut et vobis honori et amicis utilitati[21] et rei publicae emolumento[22] esse possitis!

1 **praestabilis**, praestabile: herrlich
2 **coëtus**, coëtus *m.*: Versammlung
3 **adlicio 3**: *hier*: (für sich) gewinnen
4 **impello 3**: (an)treiben
5 **quo velit**: „wohin man will“
6 **in pacatis tranquillisque civitatibus**: „in Staaten, die sich im Zustand des Friedens und der inneren Ruhe befinden“
7 **praecipue** (*Adv.*): besonders
8 **floreo 2**: blühen
9 **dominor 1**: herrschen
10 **dispersus**, -a, -um: zerstreut
11 **congrego 1**: versammeln
12 **fera agrestisque vita**: wildes und rohes Leben
13 **describo 3**, descripsi, -scriptum: *hier*: vorschreiben
14 **consector 1**: *hier*: anführen
15 **comprehendo 3**: *hier*: zusammenfassen
16 **statuo 3** (+ *AcI*): *hier*: meinen, dass
17 **moderatio**, moderationis *f.*: Leitung
18 **sed et ... = sed etiam salutem privatorum ... contineri**
19 **pergo 3**: fortfahren
20 **incumbo 3 (in** + *Akk.*): sich konzentrieren (auf)
21 **utilitas**, utilitatis *f.*: Nutzen
22 **emolumentum**, -i *n.*: Vorteil

VOCABULARIUM

civilis, civile	bürgerlich, Bürger-…	**sapientia**, -ae *f.*	Weisheit
constituo 3, constitui, -stitutum	*hier*: begründen; festsetzen; beschließen	**dignitas**, dignitatis *f.*	Würde
innumerabilis, innumerabile	unzählig	**plurimi**, -ae, -a	sehr viele
perfectus, -a, -um	vollkommen	**universus**, -a, -um	ganz
		contineo 2, continui, -tentum	enthalten; *passiv*: enthalten sein

ACTIVA ET CONTEMPLATIVA

- Welche Wirkung schreibt Cicero in diesem Text der Rhetorik zu?
- Was ist Rhetorik? Sammle und vergleiche verschiedene Definitionen des Begriffs von der Antike bis zur Gegenwart.
- Welche Urteile und Vorurteile gibt es bezüglich der Rhetorik? Wie stehst du dazu? Vergleiche dazu den weiterführenden Lesetipp: *Platon*, *Gorgias 452–456*, und folgende Impuls-Zitate:

„Mir ist darüber folgendes zu Gehör gekommen: Es sei für den, der ein Redner werden will, nicht nötig, das zu lernen, was tatsächlich richtig ist, sondern nur das, was den Leuten, die darüber zu entscheiden haben, so scheint.“ (*Platon*, *Phaidros*, *260*)

„Wenn es um große Entscheidungen geht, ist es immer der persönliche Auftritt, der den Ausschlag über Erfolg oder Misserfolg gibt. Wenn Sie die Sprache des Erfolgs beherrschen, können Sie

– frei und wirkungsvoll sprechen und auftreten
– Gedanken richtig aufbauen und überzeugend vermitteln
– Menschen für ihre Ziele gewinnen.“ (*ein moderner Rhetorik-Ratgeber*)

ARS RHETORICA – Kunst der Rede – RHETORIK

Entwicklung der Rhetorik

*Die **Rhetorik** hat ihren Ursprung im 5. Jhdt. v. Chr. in **Syrakus** und **Athen** nach der Beseitigung der Tyrannenherrschaft. Sie ist untrennbar mit der **Polis-Demokratie** verbunden, an der jeder erwachsene männliche Bürger teilhat, indem er in allen Fragen, die das Gemeinwesen betreffen, mitentscheidet (Rat der 500, Volksversammlungen, Volksgerichte). Gesunder Menschenverstand zählt bei Urteilen oft mehr als juristische Ausbildung, und nicht immer überzeugt die Wahrheit* (**verum**) *allein, sondern vielmehr das Wahrscheinliche* (**verisimile** *oder* **probabile**). *Die Entwicklung einer **Technik der systematischen Überredung** gewinnt so zunehmend an Bedeutung.*

Mit Eloquenz zum Erfolg – auch in der Liebe!

*In seinem Lehrgedicht **„Ars amatoria“** („Liebeskunst“) zeigt der Dichter **Ovid** der römischen Jugend, dass die Mittel der Rhetorik – gekonnt angewendet – auch in der Liebe zum Erfolg führen. (Versmaß: Elegisches Distichon)*

Disce bonas artes, moneo, Romana iuventus[1],
non tantum, trepidos[2] ut tueare[3] reos[4].
Quam populus iudexque gravis lectusque[5] senatus,
tam dabit[6] eloquio victa puella manus.
Sed lateant[7] vires nec sis in fronte[8] disertus[9]!
Effugiant voces[10] verba molesta[11] tuae!
Quis, nisi mentis[12] inops, tenerae[13] declamat[14] amicae?
Saepe valens[15] odii littera causa fuit.
Sit tibi credibilis[16] sermo consuetaque[17] verba,
blanda[18] tamen, praesens ut videare[19] loqui!

Lawrence Alma-Tadema, „A difference of opinion“. Ölgemälde, 1896.

Wie aus Fehlern Vorzüge werden …

Nominibus mollire[20] licet mala. **Fusca*** vocetur,
nigrior Illyrica[21] cui pice sanguis[22] erit!
Si paeta[23] est, Veneris similis! Si rava[24], Minervae!
Sit **gracilis**, macie[25] quae male[26] viva sua est!
Dic **habilem**, quaecumque **brevis**, quae **turgida**, **plenam**!
Et lateat[7] vitium proximitate[27] boni!

1 **iuventus**, iuventutis *f.*: Jugend
2 **trepidus**, -a, -um: ängstlich
3 **tueor 2**, tuitus sum: schützen; **tueare = tuearis**
4 **reus**, -i *m.*: Angeklagter
5 **lectus**, -a, -um: *hier*: erlesen
6 **manus dare**: sich ergeben, nachgeben
7 **lateo 2**: verborgen sein, bleiben
8 **frons**, frontis *f.*: Stirn
9 **disertus**, -a, -um: beredt
10 **vox**, vocis *f.*: *hier*: Äußerung, Rede
11 **molestus**, -a, -um: unangenehm, lästig
12 **mentis inops**: ohne Verstand („ein Wahnsinniger“)
13 **tener**, tenera, tenerum: zart
14 **declamo 1** (+ *Dat.*): eine Redeübung halten (vor)
15 **valens** (*Gen.*: valentis): *hier*: triftig (*bezogen auf* **causa**)
16 **credibilis**, credibile: glaubwürdig
17 **consuetus**, -a, -um: vertraut
18 **blandus**, -a, -um: schmeichelnd
19 **videare = videaris**
20 **mollio 4**: mildern
* *Schlage die* **fett** *gedruckten Wörter im Lexikon nach!*
21 **pix Illyrica** (*Gen.*: picis Illyricae): Pech aus Illyrien (*d.i. Dalmatien, Albanien*)
22 **sanguis**, sanguinis *m.*: Blut
23 **paetus**, -a, -um: blinzelnd, mit den Augen klimpernd (*als nervöser Tick*). *Venus, der Göttin der Liebe, wurde ein – natürlich nicht nervöses, sondern vielmehr kokettes – Augenspiel nachgesagt.*
24 **ravus**, -a, -um: fahl, gelblich-grau (*Augenfarbe*). *Minerva, die Göttin der Künste und Wissenschaften, stellte man sich mit kühl und klug blickenden blaugrauen Augen vor.*
25 **macies**, maciei *f.*: Magerkeit
26 **male vivus**: kaum (mehr) lebendig
27 **proximitate boni**: „durch den benachbarten Vorzug“

VOCABULARIUM

disco 3, didici, –	lernen	**praesens** (*Gen.*: praesentis)	(persönlich) anwesend
tantum (*Adv.*)	nur	**vitium**, -i *n.*	Fehler

ACTIVA ET CONTEMPLATIVA

- **Liebe macht blind? – Nicht nur die Liebe macht blind!**

„Denn derart handeln die Menschen meistens, verblendet vom brünstigen Triebe, dichten Geliebten Vorzüge an, die sie gar nicht besitzen." So kritisierte schon der römische Dichter *Lukrez* (ca 95–55 v. Chr.) in seinem Lehrgedicht „*De rerum natura*".

„Ist denn, im Ganzen gesehen, die Rhetorik nicht eine Kunst der Seelenführung durch Worte, nicht nur vor Gericht und bei den anderen öffentlichen Versammlungen, sondern auch bei privaten Zusammenkünften?" *(Sokrates in Platons Dialog „Phaidros", 261)*

Rhetorik durchdringt also alle Lebensbereiche, nicht nur die hohe Politik, sondern auch das private Leben.

ARS RHETORICA – Kunst der Rede – RHETORIK

Rhetorische Stilmittel (1)

Das rhetorische Stilmittel des **Euphemismus** (Beschönigung) ist keineswegs auf Verliebte beschränkt. Im Gegenteil: Verhüllende Ausdrucksweisen finden sich in der Sprache der Politik, Wirtschaft, Werbung und in Bereichen von Tabus recht häufig, z. B. „Arbeiter **freisetzen**", „**negatives** Wirtschaftswachstum", „End**lösung**", „der **Gottseibeiuns**" (Teufel) etc.
Auch die **Litótes** (doppelte Verneinung) kann verwendet werden, wenn man etwas Unangenehmes sprachlich verhüllen möchte, z. B.: „Du bist nicht mehr der Jüngste." „Der ‚Hamlet' war keine Offenbarung." (abmildernde Umschreibung durch Verneinung des Gegenteils).
Ein weiteres (nicht nur in der Liebe) beliebtes rhetorisches Stilmittel ist die **Hyperbel** (Übertreibung). Besonders Werbetexter greifen gerne darauf zurück: „**Bombenerfolg**", „**Riesenwaschkraft**", „**Megamarkt**", „**Superdeal**", „**XXX-large**" etc.

- Sammle Euphemismen und Hyperbeln aus der Werbesprache!
- Welche Euphemismen findest du in den Medien?
- Verwendest auch du manchmal Euphemismen?
- Anregung für angewandte Rhetorik: Wie würdest du unter Anwendung rhetorischer Mittel jemandem deine Liebe erklären, der nicht mit allen Vorzügen der Natur gesegnet ist? (Du kannst dabei auch in eine Rolle schlüpfen, z. B. *Venus* (> *Vulcanus*), *Esmeralda* (> *Quasimodo*, der Glöckner von Notre Dame), *Prinzessin Fiona* (> *Shrek*) …)

Das Lied des Orpheus

In seinem Versepos ***„Metamorphosen“*** *erzählt* ***Ovid****, wie der berühmte Sänger* ***Orpheus****, dessen junge Gattin* ***Eurydike*** *kurz nach der Hochzeit infolge eines Schlangenbisses verstarb, aus Sehnsucht sogar in die Unterwelt hinabsteigt. Mit einem kunstvollen Lied versucht er den Gott der Unterwelt* ***Pluto*** *und dessen Gemahlin* ***Proserpina*** *zur Rückgabe der Geliebten zu bewegen. (Versmaß: Hexameter)*

Sic ait: „O[1] positi sub terra numina mundi,
in quem recidimus[2], quidquid[3] mortale creamur,
si licet et falsi[4] positis ambagibus oris
vera loqui sinitis: Non huc, ut opaca[5] viderem
Tartara[6], descendi, nec uti[7] villosa[8] colubris[9]
terna[10] Medusaei[11] vincirem guttura[12] monstri.
Causa viae est coniunx, in quam calcata[13] venenum[14]
vipera[15] diffudit[16] crescentesque abstulit annos.
Posse pati volui nec me temptasse[17] negabo:
vicit Amor. Supera[18] deus hic bene notus in ora est;
an sit et[19] hic, dubito. Sed et hic tamen auguror[20] esse.
Famaque si veteris non est mentita[21] rapinae[22],
vos quoque iunxit Amor.“ (...)

(Fortsetzung auf Seite 12)

1 *Stelle um*: **O numina mundi sub terra positi (mundus sub terra positus** = Unterwelt)
2 **récido 3**: zurückfallen
3 **quidquid mortale creamur** = **omnes, qui mortales creamur**
4 **falsi positis ambagibus oris** (*Abl.abs.*): ohne Umschweife (ohne Ausflüchte trügerischer Rede)
5 **opacus**, -a, -um: finster
6 **Tartara**, -orum *n.Pl.*: Unterwelt
7 **uti** = **ut**; *stelle um*: **nec ut terna guttura M. monstri colubris villosa vincirem**
8 **villosus**, -a, -um (+ *Abl.*): umringelt (*von*)
9 **coluber**, colubri *m.*: Schlange
10 **terna** = **tria**
11 **Medusaeum monstrum**, -i *n.* = *der Höllenhund* Cerberus
12 **guttur**, gutturis *n.*: Rachen
13 **calco 1**: treten
14 **venenum**, -i *n.*: Gift
15 **vipera**, -ae *f.*: Schlange
16 **diffundo 3**, diffudi, -fusum: verspritzen
17 **temptasse** = **temptavisse**
18 **supera in ora**: an der Oberwelt
19 **et**: *hier*: auch
20 **auguror 1**: vermuten
21 **mentitus**, -a, -um: erfunden; *stelle um*: **et si fama veteris rapinae mentita non est**
22 **rapina**, -ae *f.*: Raub

Károly Ferenczy, „Orpheus“. Ölgemälde, 1894. Ungarische Nationalgalerie Budapest.

VOCABULARIUM

numen, numinis *n.*	göttliche Macht	**Amor**, Amoris *m.*	Amor (*Gott der Liebe*)
mundus, -i *m.*	Welt	**notus**, -a, -um	bekannt
mortalis, mortale	sterblich	**an**	ob
creo 1	erschaffen	**hic** (*Adv.*)	hier
sino 3, si(v)i, situm	lassen	**fama**, -ae *f.*	Sage, Überlieferung
huc (*Adv.*)	hierher	**iungo 3**, iunxi, iunctum	verbinden
vincio 4, vinxi, vinctum	fesseln		
via, -ae *f.*	Weg		
aufero, -fers, -ferre, abstuli, ablatum	hinwegraffen, wegnehmen		

ARS RHETORICA – Kunst der Rede – RHETORIK

Auch wenn sie ein Werk der Poesie ist, nimmt die Rede des Orpheus dennoch indirekt Bezug auf das System der Rhetorik, insbesondere auf die in der Gerichtsrede übliche Gliederung:

Teile der Rede (partes orationis)

1. **exordium – Einleitung**
   Schon der Anfang einer Rede entscheidet häufig über den Erfolg. Der Redner versucht, die Aufmerksamkeit und das Interesse der Zuhörer zu wecken (*auditores attentes / dociles facere*) und ihr Wohlwollen zu gewinnen (*captatio benevolentiae*).
2. **narratio – Darlegung des Sachverhalts**
   Die Schilderung kann durchaus parteiisch sein und mit Mitteln wie Auslassung und Akzentuierung arbeiten. Kürze (*brevitas*), Klarheit (*perspicuitas*), Deutlichkeit (*puritas*) und Glaubhaftigkeit sind die Tugenden der Erzählung (*narrandi virtutes*).
3. **propositio – Thema, These, Ziel der Rede**
   Der Redner stellt eine These in den Raum, die er im Folgenden zu beweisen sucht.
4. **argumentatio – Beweisführung**
   Der wichtigste Teil der Gerichtsrede bringt stichhaltige oder zumindest glaubwürdige Argumente zur Stärkung der eigenen Sache (*probatio*) und zur Widerlegung des Gegners (*refutatio*). Die Streitfrage wird gemäß dem Interesse der eigenen Partei formuliert und beantwortet.
5. **peroratio – Schlusswort**
   Wirkungsvoller Schlussappell, der den zugespitzten Gedankengang dem Gedächtnis der Zuhörer einprägen soll. Der Redner steigert den Einsatz aller stilistischen Mittel und bringt Gefühle zum Höhepunkt, um die Gemüter der Zuhörer zu bewegen (*movere*).

(…) Per ego haec loca plena timoris,
per Chaos[1] hoc ingens[2] vastique[3] silentia[4] regni,
Eurydices[5], oro, properata[6] retexite[7] fata!
Omnia debentur vobis, paulumque[8] morati
serius aut citius sedem properamus ad unam.
Tendimus huc omnes, haec est domus ultima, vosque
humani generis longissima regna tenetis.
Haec quoque, cum iustos matura[9] peregerit annos,
iuris[10] erit vestri: pro munere poscimus[11] usum[12].
Quodsi[13] fata negant veniam pro coniuge, certum[14] est
nolle redire mihi: leto[15] gaudete duorum!"

1 **Chaos** *n.*: Öde
2 **ingens** (*Gen.*: ingentis): gewaltig
3 **vastus**, -a, -um: öde
4 **silentium**, -i *n.*: Stille
5 **Eurydices** *(Gen.)*
6 **properata fata** *n. Pl.*: „der Tod, der sie zu früh ereilt hat"
7 **retexo 3**: rückgängig machen
8 **paulum** *(Adv.)*: ein Weilchen
9 **matura**: „als reife Frau"
10 **iuris vestri esse**: in eurem Herrschaftsbereich/Rechtsbereich sein; euch gehören
11 **poscimus = posco**
12 **usus**, usus *m.*: (*zeitlich begrenztes*) Nutzungsrecht
13 **quodsi**: wenn aber
14 **certum est mihi**: *übersetze*: „dann steht es für mich fest"
15 **letum**, -i *n.* Tod

François Perrier, „Orpheus vor Pluto und Proserpina". Ölgemälde, um 1640. Musée du Louvre, Paris.

VOCABULARIUM

plenus, -a, -um (+ *Gen.*)	voll (von)	**teneo 2**, tenui, tentum	innehaben; halten
per (+ *Akk.*)	bei *(in Schwüren und Bitten)*	**iustus**, -a, -um	gerecht
debeo 2, -ui, –	schulden	**perago 3**, peregi, -actum	verbringen
serius aut citius	später oder früher	**pro** (+ *Abl.*)	statt; für
propero 1	eilen	**fatum**, -i *n.*	Schicksal
tendo 3, tetendi, tentum	streben nach	**venia**, -ae *f.*	Nachsicht
huc (*Adv.*)	hierher	**gaudeo 2**, gavisus sum (+ *Abl.*) (*Semidep.*)	sich freuen (über)

ARS RHETORICA – Kunst der Rede – RHETORIK

Wege zur Überzeugung

Ziel einer Rede ist das *persuadere*, das Überzeugen der Zuhörer. Drei Mittel der Überredung stehen dem Redner dazu zur Verfügung:

- **docere**: Belehrung, d.h. Überzeugung durch sachlich vorgetragene Information, rationale Schlüsse und empirische Beweismittel.
- **delectare**: Erfreuen, unterhalten. Überzeugung durch Wecken von Sympathie.
- **movere**: Bewegen, mitreißen. Überzeugung durch Gefühlsgründe. Der Redner versucht, mittels Erregung von Leidenschaften die Affekte der Adressaten für sich zu nutzen.

Nach Aristoteles ist eine Rede, die scheinbar kunstlos ist, die beste, weil sie natürlich und glaubhaft wirkt. Der Redner wird also seine Kunst mehr (z. B. beim *docere*) oder weniger (beim *movere*) verbergen (*dissimulatio artis*). Das betrifft sowohl den Einsatz rhetorischen Schmucks (**ornatus** – rhetorische Stilmittel) als auch das Verdecken des wohlüberlegten Aufbaus der Rede (**dispositio**) durch fließende Übergänge und assoziative Gedankenfolge.

ACTIVA ET CONTEMPLATIVA

- Untersuche den Aufbau (die *dispositio*) der Orpheus-Rede! Welche Verse entsprechen welchen Redeteilen?
- Wo sind Übergänge aus Gründen der *dissimulatio artis* bewusst fließend gestaltet? Versuche, der Überredungsstrategie des Orpheus auf die Schliche zu kommen!

Eine Trauerrede: Welch vorbildliche Ehefrau!

Bei der so genannten ***Laudatio Turiae*** *handelt es sich um eine Leichenrede (****laudatio funebris****), die ein Mann in augusteischer Zeit für seine Gattin hielt. Beide Personen sind sonst nicht weiter bekannt. Der Text ist auf einer Inschrift (ca. 5 v. Chr.) in Fragmenten erhalten.*

Rara sunt tam diuturna matrimonia, finita morte, non divertio[1] interrupta: contigit nobis, ut ad annum XXXXI sine offensa perduceretur[2]. Utinam vetusta coniunctio habuisset mutationem[3] vice[4] mea, qua[5] iustius erat cedere fato maiorem!

Domestica bona[6] **pudicitiae***, **obsequii**, **comitatis**, **facilitatis**, **lanificii**, **studii religionis** sine superstitione, **ornatus** non[7] conspiciendi, **cultus** modici[8] cur memorem? Cur dicam de **caritate** familiae, **pietate**, cum aeque matrem meam ac tuos parentes colueris, non alia mente illi[9] quam tuis curaveris, cetera innumerabilia habueris communia cum omnibus matronis dignam[10] famam colentibus? Propria sunt tua, quae vindico[11], ac paucae uxores in similia inciderunt, ut talia paterentur et praestarent.

Pacato[12] orbe terrarum, restituta re publica, quieta deinde nobis et felicia tempora contigerunt. Fuerunt optati liberi, quos aliquamdiu sors nobis inviderat. Si[13] fortuna procederet esset passa sollemnis inserviens, quid utrique nostrum defuit? Procedens alias[14] spem finiebat.

(Fortsetzung auf Seite 16)

1 **divertium**, -i *n.*: Scheidung
2 **perduceretur**: *ergänze als Subjekt dazu*: **matrimonium nostrum**
3 **mutatio**, mutationis *f.*: Veränderung. (*Der Redner bringt hier seine Auffassung zum Ausdruck, dass die Ehe durch den Tod der Gattin nur eine Veränderung, nicht aber ein Ende erfährt: Sie besteht weiter, ist nunmehr aber in den geistigen – transzendenten – Bereich verschoben, „verändert“.*)
4 **vice mea**: „durch **mein** Los“
5 *Übersetze als Hauptsatz*: „Gerechter wäre gewesen, dass dadurch (**qua** *bezogen auf* **vice**) der Ältere dem Schicksal weicht (= stirbt)“.
6 **domestica bona**: häusliche Tugenden
* *Schlage die* **fett** *gedruckten Wörter im Lexikon nach!*
7 **non conspiciendus**, -a, -um: unauffällig
8 **modicus**, -a, -um: bescheiden
9 **illi** = **matri meae**
10 **dignam famam colere**: auf den guten Ruf achten
11 **vindico 1**: behaupten, in Anspruch nehmen (*hier*: für dich)
12 **pacato orbe terrarum**: „nachdem die Welt wieder in Frieden lebte“ (*es folgt die Beschreibung des Lebens nach dem Bürgerkrieg*)
13 *Ordne*: **Si fortuna procederet <et>** (*ergänze*: dass wir Kinder bekommen) **sollemnis** (= wie gewohnt) **inserviens** (= gehorchend) **passa esset**
14 **alias** (*Adv.*): anders, anderswohin

Die *Laudatio Turiae*

Wie sich aus der Rede schließen lässt, hatte ***Turia*** *kein leichtes Leben: Nachdem ihre Eltern aus nicht weiter genannten Gründen ermordet worden waren, musste sie zunächst ihr Erbe verteidigen. Dann wurde der* ***Ehemann*** *Turias in den* ***Wirren des Bürgerkriegs*** *zwischen* ***Mark Anton*** *und* ***Octavian*** *proskribiert (d.h. für vogelfrei erklärt). Mit Hilfe Turias gelang ihm die Flucht, später wurde er – nicht zuletzt durch ihren engagierten Einsatz – begnadigt und rehabilitiert. Nach dem* ***Ende des Bürgerkriegs*** *verlebten die beiden Ehepartner unter* ***Kaiser Augustus*** *einen ruhigen Lebensabend. Besonders gelobt werden Turias Qualitäten als treue Ehefrau und ihr Verantwortungsgefühl für die Familie. Dennoch liegt ein schmerzlicher Schatten über der liebevollen und innigen Partnerschaft, nämlich die Tatsache, dass die Ehe kinderlos blieb. Der Wunsch des Gatten am Schluss der Rede, dass er als der Ältere vor seiner geliebten Turia begraben würde, nicht sie vor ihm, erfüllte sich nicht.*
Die Rede, die als **laudatio funebris** *dem* **genus demonstrativum** *(siehe unten) angehört, ist nicht nur historisch-rechtlich interessant, sondern vor allem auch menschlich berührend und gibt uns wertvolle Einblicke in das Privatleben der Römer.*

ARS RHETORICA – Kunst der Rede – RHETORIK

Arten der Rede (genera orationis)

1. **genus iudiciale – Gerichtsrede**
   Entspricht unserem Plädoyer. Typischer Aufbau: siehe S. 11 (Teile der Rede).
   Es handelt sich entweder um Anklage oder Verteidigung.

2. **genus deliberativum – beratschlagende, politische Rede**
   Eine politische Frage (z.B. ein Gesetzesantrag) wird von verschiedenen Seiten her genau untersucht. Es geht um Zu- oder Abraten, Nutzen und Schaden.

3. **genus demonstrativum – Festrede**
   Rede zu einem bestimmten Anlass, z.B. Lobrede, Dankrede, Leichenrede …

4. Eine Sonderform in der rhetorischen Praxis des harten politischen Alltags ist die **Invektive – Schmährede:** Ein politischer Gegner wird nach allen Regeln der Kunst fertig gemacht, auch mit privaten, persönlichen Angriffen (*ad personam*).

Marmorbüste einer römischen Matrona. 1. Jhdt. n. Chr., Kapitolinische Museen, Rom.

Würde ich doch nur vor dir begraben!

Utinam patiente utriusque aetate procedere coniugium potuisset, donec elato[1] me maiore, quod iustius erat, suprema[2] mihi praestares! Ego enim superstite te excederem[3] orbitate, filia[4] mihi substituta. Praecucurristi fato. Delegasti[5] mihi luctum desiderio[6] tui, nec liberos futuros (sed) me miserum reliquisti.

Omnia tua cogitata praescripta[7] cedant laudibus tuis, ut sint mihi solacia, ne[8] nimis desiderem, quod immortalitati ad memoriam consecratum est. Fructus vitae tuae non deerunt mihi. Occurrente[9] fama tua firmatus animo atque doctus actis tuis resistam fortunae, quae mihi non omnia eripuit, sed cum laudibus crescere tui[10] memoriam passa est. Sed quod[11] tranquilli status erat mihi, tecum amisi, quam[12] speculatricem et propugnatricem meorum periculorum cogitans calamitate frangor nec permanere[13] in promisso possum.

Ultimum huius orationis erit omnia meruisse te neque[14] omnia contigisse mihi, ut praestarem tibi. Legem[15] habui mandata tua. Quod extra[16] mihi liberum fuerit, praestabo. Te di[17] manes tui ut quietam patiantur atque ita tueantur, opto.

1 **elato me maiore** (*Abl.abs.*): „nachdem ich, der Ältere, zu Grabe getragen worden war"

2 **suprema praestare**: die letzte Ehre erweisen

3 **excederem orbitate**: „ich käme aus der Kinderlosigkeit heraus"

4 **filia mihi substituta**: „ersetztest du mir doch die Tochter"

5 **delega(vi)sti**: *hier*: „du hast hinterlassen"

6 **desiderio tui**: „wegen der Sehnsucht nach dir"

7 **praescripta**: Bestimmungen (*für die Zeit nach dem Tod*)

8 **ne nimis desiderem <id>, quod** …

9 **occurro 3**: vor Augen treten

10 **tui memoria**: Erinnerung an dich

11 **quod tranquilli status erat mihi**: was in mir an Ruhe war (= *meine innere Ruhe*)

12 **quam … cogitans**: *Beginne einen neuen Satz*: „Wenn ich an dich, meine …, denke"

13 **permanere in promisso**: dem Versprechen (gefasst zu bleiben) treu bleiben

14 **neque omnia contigisse mihi, ut praestarem tibi**: „dass mir aber nicht alles vergönnt war, um es dir zu geben"

15 **legem habui**: ich hatte als Richtschnur

16 **extra**: außerhalb (deiner letzten Vefügungen)

17 **di(i) manes**: Manen (*die Schattengeister der Verstorbenen*); *ordne*: **opto, ut di manes tui te quietam <esse> patiantur atque ita tueantur** (= „so erhalten mögen").

Vornehmer Römer mit den Porträtbüsten seiner Vorfahren (dii manes).

ACTIVA ET CONTEMPLATIVA

- In einem Nachruf auf einen Verstorbenen werden üblicherweise dessen Verdienste lobend hervorgehoben. Im Fall der Turia gibt diese Aufzählung auch Aufschluss darüber, welche Tugenden man von einer römischen Ehefrau (*matrona*) erwartete. Ermittle mit Hilfe des Wörterbuchs die Bedeutung der entsprechenden lateinischen Begriffe (sie sind im Text auf S. 14 **fett** gedruckt).
- Inwieweit haben diese Tugenden deiner Meinung nach heute noch Geltung? Welche würden heute nicht mehr erwähnt werden? Gib die Gründe dafür an!

Gerade Nachrufe sind sehr stark von sogenannten **„Topoi"** *(Gemeinplätzen, Klischees) geprägt. Ein* **Topos** *– lat.* **locus**, *dt. „(Gedächtnis-)Ort" – ist ein allgemein üblicher, passender Gesichtspunkt zur Verwendung innerhalb der Argumentation.*

- Untersuche, welche Topoi des Nachrufs im folgenden Gedicht verwendet werden. Welche Kritik wird geübt?

Margarete Kubelka
Traueranzeigen

Auf der letzten Seite
deiner Zeitung
findest du sie:
die treusorgenden Väter,
die liebevollen Töchter,
die hilfsbereiten Kollegen,
die fleißigen Mitarbeiter,
fettgedruckt
auf schwarzumrandetem Feld.
Wo aber ist der eine,
der die Schwächeren unterdrückte?
Der die Tiere quälte?
Sein Geld vertrank?
Wo bleibt der Nörgler?
Der Geizhals?
Der üble Schwätzer?
Auf der letzten Seite
deiner Zeitung findest du ihn nicht.
Denn er ist unsterblich.

(M. Kubelka, Verhängte Spiegel. Gedichte. Delp, München 1979)

Grabmedaillon eines römischen Ehepaars (2. Jhdt. n. Chr., Pfarrkirche von St. Marein bei Neumarkt, Steiermark).
www.ubi-erat-lupa.org

Theorie der Rede

Die Dreistillehre

*Die Beherrschung verschiedener Redestile für verschiedene Anlässe ist für einen guten Redner unverzichtbar. In seiner rhetorischen Lehrschrift **„Orator“** erläutert Cicero die auf den griechischen Philosophen **Theophrast** (371 – 287 v. Chr.) zurückgehende Lehre von den **drei Stilhöhen**, deren Wirkungen bis zur **„Ständeklausel“** des klassischen Dramas reichen.*

(69) Erit igitur eloquens (…) is, qui in foro causisque[1] civilibus ita dicet, ut probet, ut delectet, ut flectat. Probare necessitatis[2] est, delectare suavitatis[3], flectere victoriae; nam id unum ex omnibus ad obtinendas[4] causas potest[5] plurimum. Sed quot officia[6] oratoris, tot sunt genera dicendi: subtile[7] in probando, modicum[8] in delectando, vehemens in flectendo; in quo uno vis omnis oratoris est. Magni igitur iudicii[9], summae etiam facultatis[10] esse debebit moderator[11] ille et quasi temperator[12] huius tripertitae[13] varietatis. Nam et iudicabit, quid cuique[14] opus sit, et poterit, quocumque modo postulabit causa, dicere.

Das Wichtigste: „Angemessen sprechen!“

(70) Sed est eloquentiae sicut reliquarum rerum fundamentum sapientia. Ut enim in vita, sic in oratione nihil est difficilius quam, quid deceat, videre; „prepon“ appellant hoc Graeci, nos dicamus sane decorum; de quo praeclare[15] et multa praecipiuntur et res est cognitione[16] dignissima. Huius ignoratione[17] non modo[18] in vita, sed saepissime et in poematis[19] et in oratione peccatur[20].

1 **causa civilis**: Zivilprozess
2 **necessitatis est**: „ist Sache der Notwendigkeit“
3 **suavitas**, suavitatis *f.*: Charme
4 **causam obtinere**: einen Prozess gewinnen
5 **plurimum posse**: am meisten bewirken
6 **officium**, -i *n.*: *hier*: Aufgabe
7 **subtilis**, subtile: schlicht, einfach
8 **modicus**, -a, -um: gemäßigt
9 **iudicium**, -i *n.*: *hier*: Urteilskraft
10 **facultas**, facultatis *f.*: *hier*: Rednergabe
11 **moderator**, moderatoris *m.*: Lenker
12 **temperator**, temperatoris *m.*: Ordner
13 **tripertita varietas**: in drei Teile geteilte Vielfalt
14 **cuique opus est**: jeder hat nötig
15 **praeclare et multa praecipiuntur**: „werden viele vortreffliche Vorschriften gemacht“
16 **cognitio**, cognitionis *f.*: Erkennen, Erkenntnis
17 **ignoratio**, ignorationis *f.*: Unkenntnis
18 **non modo …, sed …**: nicht nur …, sondern …
19 **poëma**, poëmatis *n.* (*Abl.Pl.* poëmatis): Gedicht
20 **pecco 1**: einen Fehler begehen

VOCABULARIUM

flecto 3, flexi, flexum	umstimmen	**sane** (*Adv.*)	allerdings
vehemens (*Gen.*: vehementis)	leidenschaftlich, heftig	**decorus**, -a, -um	passend, (*moralisch/ ästhetisch*) angemessen
fundamentum, -i *n.*	Grundlage		
sapientia, -ae *f.*	Weisheit		
decet, -ere, decuit, –	es gehört sich, es ziemt sich		

ARS RHETORICA – Kunst der Rede – RHETORIK

Stilarten (genera dicendi/genera elocutionis)

Durch die *elocutio*, das Stilisieren, verleiht der Redner den Gedanken, die er gefunden und geordnet hat, mit Hilfe der Stilvorschriften ein passendes Kleid:

1. **genus humile (tenue) – der einfache, schlichte Stil**
   Er ist der Alltagssprache ähnlich und wird für normale Mitteilungen verwendet. Wirkungsfunktion in erster Linie: **docere / probare** (belehren / beweisen)
2. **genus medium – der mittlere Stil**
   Er bewegt sich zwischen genus humile und genus grande, erfreut Ohr und ästhetisches Empfinden, ohne in aufdringlicher Weise pathetisch zu sein.
   Wirkungsfunktion: **delectare / conciliare** (unterhalten / Sympathie gewinnen)
3. **genus grande (sublime) – der hohe, erhabene Stil**
   Der hoch pathetische, mit allen Effekten und Schmuckmitteln der Rede ausgestattete Stil.
   Wirkungsfunktion: **movere / flectere** (mitreißen / umstimmen)

Nicht jeder Stil eignet sich für jeden Anlass. Der Reder muss je nach äußerer Redesituation, je nach Vorwissen, Erwartung und Interesse der Zuhörer sowie je nach Redeabsicht den angemessenen Stil wählen, d.h. „**apte**“ bzw. „**decore dicere**“.

Stilqualitäten (virtutes dicendi)

1. **puritas** – Sprachrichtigkeit in Bezug auf Wortwahl und Syntax
2. **perspicuitas** – Klarheit der Satzkonstruktion, Anschaulichkeit sprachlicher Bilder
3. **aptum / decorum** – Angemessenheit (siehe oben). Sie ist die zentrale, die gesamte Rede (und laut „*Ars poetica*“ des Horaz auch die Dichtung) steuernde Kategorie.
4. **ornatus** – Redeschmuck, rhetorische Stilmittel. Sorgfältige Bedachtnahme auf Wortwahl und Satzbau, Klang und Rhythmus.

Wie spricht man „angemessen“?

Die Erfahrung bedeutender Redner – hier von ***Cicero*** *dem* ***Lucius Licinius Crassus*** *(vgl. S. 6) in den Mund gelegt – lehrt: In der Praxis entscheiden Anlass, Situation, Redeabsicht und Zielpublikum, welcher Redestil zu wählen ist.*

Usus[1] autem gravissimus et in hoc toto dicendi[2] studio difficillimus. (210) Quam[3] ob rem nunc quid aptum sit, hoc est quid maxime deceat in oratione, videamus. Quamquam[4] id quidem perspicuum[5] est non omni causae nec auditori neque personae[6] neque tempori congruere[7] orationis unum genus; (211) nam et causae[8] capitis alium quendam verborum sonum[9] requirunt[10], alium rerum[11] privatarum atque parvarum[12]; et aliud genus deliberationes[13], aliud laudationes, aliud iudicia[14], aliud sermones, aliud consolatio[15], aliud obiurgatio[16], aliud disputatio, aliud historia[17] desiderat[18]. Refert[19] etiam, qui audiant (senatus an populus an iudices, frequentes[20] an pauci an singuli) et quales; ipsique oratores, qua sint aetate, honore, auctoritate. Debet videri tempus: pacis an belli, festinationis[21] an otii. (212) Itaque hoc loco nihil sane est, quod praecipi[22] posse videatur, nisi ut figuram[23] orationis plenioris et tenuioris[24] et item illius mediocris[25] ad id, quod agemus, accommodatam[26] deligamus. Ornamentis eisdem uti fere[27] licebit alias[28] contentius[29], alias summissius[30]; omnique in re posse, quod deceat, facere artis[31] et naturae est, scire, quid quandoque[32] deceat, prudentiae[33].

1 **usus**, usus *m.*: *hier*: Praxis
2 **dicendi studium**: „Redekunst“
3 **quam ob rem** (*relativer Anschluss*): deshalb
4 **quamquam** (*hier im selbständigen Satz:*) doch
5 **perspicuum est** (+ *AcI*): es ist klar, dass
6 **persona**, -ae *f.*: *hier*: Rolle
7 **congruere** (+ *Dat.*): passen (zu)
8 **causae capitis**: Kapitalprozesse (*Prozesse wegen besonders schwerer Vergehen, die mit einer* **poena capitalis**, *dem Verlust der Bürgerrechte oder der Todesstrafe, geahndet wurden*)
9 **sonus**, -i *m.*: Ton
10 **requiro 3**: erfordern
11 <causae> **rerum privatarum**: Zivilprozesse
12 <causae> **rerum parvarum**: Bagatellprozesse
13 **deliberatio**, deliberationis *f.*: beratende Rede
14 **iudicium**, -i *n.*: *hier*: Gerichtsrede
15 **consolatio**, consolationis *f.*: Trostrede
16 **obiurgatio**, obiurgationis *f.*: Schelte
17 **historia**, -ae *f.*: geschichtlicher Bericht
18 **desidero 1**: verlangen
19 **refert** (+ *ind. Fragesatz*): es kommt darauf an
20 **frequens** (*Gen.*: frequentis): zahlreich
21 **festinatio**, festinationis *f.*: *hier*: Zeitnot
22 **praecipio 3**: vorschreiben
23 **figura**, -ae *f.*: Form, Stilebene
24 **tenuis**, tenue: schlicht
25 **mediocris**, mediocre: gemäßigt
26 **accommodatus**, -a, -um: entsprechend
27 **fere** (*Adv.*): in der Regel
28 **alias … alias**: einmal … ein andermal
29 **contentus**, a-, -um: eifrig
30 **summissus**, -a, -um: bescheiden
31 *ordne*: **artis et naturae est** („es ist Sache der erlernbaren Fertigkeit und der angeborenen Begabung“) **facere posse, quod deceat**
32 **quando**: wann
33 *ordne*: **prudentiae <est> scire, quid quandoque deceat**

VOCABULARIUM

aptus, -a, -um	passend, angemessen
decet, -ere, decuit, –	es gehört sich, es ziemt sich
quidem (*Adv.*)	jedenfalls
qualis, quale	wie beschaffen
otium, -i *n.*	Muße
sane (*Adv.*)	allerdings
plenus, -a, -um	voll, reich

ARS RHETORICA – Kunst der Rede – RHETORIK

Rhetorisches Kommunikationsmodell

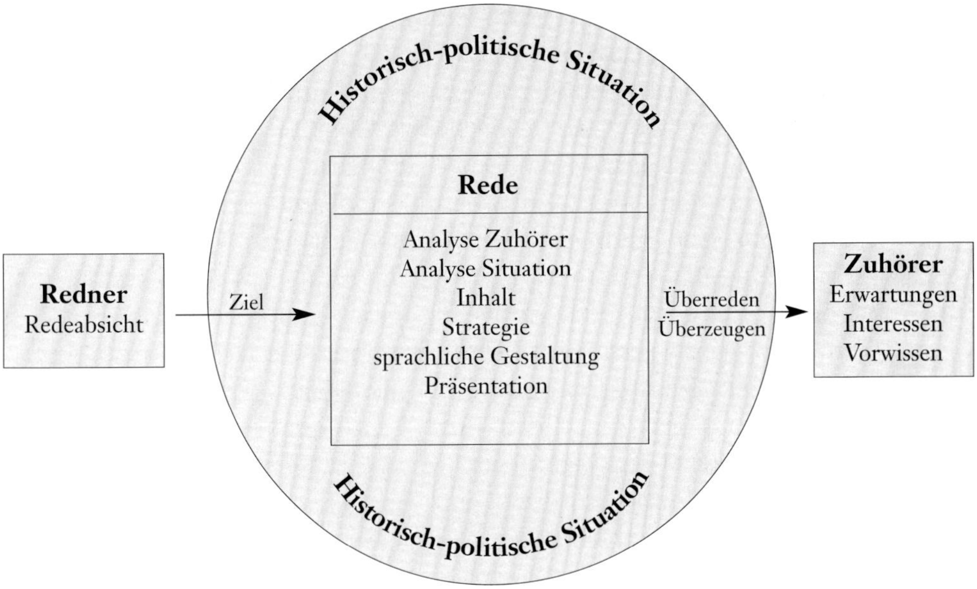

ACTIVA ET CONTEMPLATIVA

- Die hier abgebildeten Personen sind unter anderem durch ihre Reden in die Geschichte eingegangen. Suche im Internet und in Lexika nach Informationen über sie und ihre berühmten Reden. Welche Persönlichkeiten aus neuerer Zeit könnte man hinzufügen?

Von der Bildung des perfekten Redners

*Ist **Redekunst** überhaupt **lehrbar**? Und welches Verhältnis besteht zwischen **Redekunst** und **Sachwissen**? Cicero beantwortet diese zweite Frage im Hinblick auf den in der Öffentlichkeit tätigen Redner so:*

(118) Nec vero a dialecticis[1] modo sit[2] instructus et habeat omnes[3] philosophiae notos ac tractatos locos. Nihil enim de religione, nihil de morte, nihil de pietate, nihil de caritate patriae, nihil de bonis rebus aut malis, nihil de virtutibus aut vitiis, nihil de officio, nihil de dolore, nihil de voluptate, nihil de perturbationibus[4] animi et erroribus, quae saepe cadunt in causas et ieiunius[5] aguntur[6], nihil, inquam, sine ea scientia, quam dixi, graviter ample copiose dici et explicari potest.

(119) (...) Oratorem ne physicorum[7] quidem esse ignarum volo. Omnia profecto, cum se a caelestibus rebus referet ad humanas, excelsius magnificentiusque et dicet et sentiet. (120) Cumque illa divina cognoverit, nolo[8] ignoret ne haec quidem humana. Ius[9] civile teneat, quo egent causae[10] forenses cottidie. Quid est enim turpius quam legitimarum[11] et civilium controversiarum patrocinia[12] suscipere, cum sis legum et civilis[9] iuris ignarus? Cognoscat etiam rerum gestarum et memoriae veteris ordinem, maxime scilicet nostrae civitatis, sed etiam imperiosorum[13] populorum et regum illustrium. (...) Nescire autem, quid, antequam natus sis, acciderit, id est semper esse puerum. Quid enim est aetas hominis, nisi ea memoria rerum veterum cum superiorum aetate contexitur[14]? Commemoratio[15] autem antiquitatis exemplorumque prolatio[16] summa cum delectatione et auctoritatem orationi adfert et fidem.

1 **dialectica**, -orum: dialektische Gesprächsführung
2 *Subjekt*: der perfekte Redner
3 *ordne*: **omnes locos philosophiae**
4 **perturbatio**, perturbationis *f.*: Affekt
5 **ieiunus**, -a, -um: nüchtern
6 **ago 3**: *hier*: abhandeln
7 **physica**, -orum: Naturphilosophie (*Weltentstehung und Naturerscheinungen*)
8 **nolo ignoret ne ... quidem** (*Litotes*!): ich will, dass er auch genau Bescheid weiß über
9 **ius civile**: bürgerliches Recht
10 **causae forenses**: Gerichtsprozesse
11 **legitimus**, -a, -um: die Gesetze betreffend
12 **patrocinium**, -i *n.*: Mandat (*Anwaltsaufgabe*)
13 **imperiosus**, -a, -um: machtvoll
14 **contexo 3 cum** (+ *Abl.*): verweben (mit)
15 **commemoratio**, commemorationis *f.*: Erwähnung
16 **prolatio**, prolationis *f.*: das Anführen, Vortragen

ACTIVA ET CONTEMPLATIVA

- Stelle anhand des Textes ein *Curriculum* (einen Lehrplan) für den *orator perfectus* zusammen, wie es Cicero vorschlägt!
- Welche Bildungsbereiche sind deiner Meinung nach für einen guten Redner wichtig? Vergleiche deinen Fächerkanon mit jenem Ciceros!
- Nimm in Form einer kurzen Stegreifrede Stellung zu dem Satz: *Nescire autem, quid antequam natus sis, acciderit, id est semper esse puerum!*

ARS RHETORICA – Kunst der Rede – RHETORIK

Rhetorik – ein zweischneidiges Schwert

Die Redekunst als Mittel, andere für die eigene Sache zu gewinnen, ist an sich wertneutral; sie kann zum Guten wie zum Schlechten eingesetzt werden, zu fundierter ***Information*** *ebenso wie zu gezielter* ***Manipulation****. Ohne Bindung an die Wahrheit und an ethische Grundsätze wird sie zu einer gefährlichen Waffe, sie verkommt zu ihrem negativen Zerrbild, der* ***Demagogie*** *(griech.: „Volksverführung"). In der Zeit des Dritten Reiches ging so von einer zentral gelenkten Massenpropaganda eine tödliche Verführung aus. Um der Manipulation nicht hilfos ausgeliefert zu sein, ist es notwendig, die rhetorischen Techniken und Tricks zu kennen. Wer der Rhetorik verächtlich den Rücken kehrt, wird leicht ihr erstes Opfer.*

Rhetorik. Allegorische Darstellung, 16. Jhdt.

Im Spannungsfeld von Wahrheit und Wahrscheinlichkeit (verum vs. verisimile)

Ist der Redner der Wahrheit verpflichtet, oder muss das, was er sagt, bloß wahrscheinlich bzw. glaubhaft sein? Soll er überzeugen oder bloß überreden? Diese Fragen wurden mit dem Aufkommen der Rhetorik im 5. Jhdt. v. Chr. in Griechenland heftig diskutiert. Die ***Sophisten*** *(„Weisheitslehrer" wie* ***Protagoras*** *oder* ***Gorgias****), die den Menschen als das Maß der Dinge bezeichneten und den Relativismus aller Werte predigten, sahen in der Rede vornehmlich ein Mittel zur Durchsetzung eigener, oft egoistischer, Interessen. Bei ihnen konnte man lernen, „die schwächere Sache zur stärkeren zu machen" (Protagoras). Gegen dieses Verzichten auf ethische Grundsätze wehrten sich die Philosophen* ***Sokrates*** *und* ***Platon*** *mit aller Kraft. Ein erster Ausgleich von Philosophie und Rhetorik erfolgte durch* ***Aristoteles****, der mit seiner* **„Rhetorik"** *das bedeutendste Lehrbuch der Redekunst verfasste.*

Der ideale Redner (orator sapiens)

Ciceros *Verdienst ist es, im Streit zwischen Philosophie und Rhetorik letztendlich eine Versöhnung herbeigeführt zu haben. Er erkannte klar, dass nur ein umfassend gebildeter und ethisch-moralisch über jeden Zweifel erhabener Redner der Gefahr der Demagogie entgehen wird können. Sein Ideal ist der* **orator sapiens**, *ein* **vir bonus dicendi peritus**, *Philosoph und Redner in einer Person.*

Rhetorik und Politik

Die Verschwörung des Catilina

Catilina: eine schillernde Persönlichkeit

L. Sergius Catilina (108–62 v. Chr.) hatte seine politische Karriere unter Sulla gestartet. Er nützte die Proskriptionen, um sich finanziell zu bereichern und Gegner auszuschalten, und schlug die Ämterlaufbahn ein. Wegen Ausbeutung der Provinz Afrika *de repetundis* (Rückforderung des geraubten Guts, vgl. die „Affäre Verres", S. 51) angeklagt, wurde er von der Bewerbung um das Konsulat für das Jahr 65 v. Chr. ausgeschlossen. Nach weiteren **gescheiterten Bewerbungen** plante er einen **gewaltsamen Umsturz**, der Ende Oktober 63 mit der Ermordung des Konsuls Cicero und anderer führender Männer und mit Brandstiftung in Rom beginnen sollte. Unterstützt werden sollte er durch den Angriff eines Aufständischenheeres unter der Führung seines Mitverschwörers C. Manlius auf die Stadt. Der Historiker **Sallust** charakterisiert Catilina so:

Gaius Sallustius Crispus. Antikes Münzporträt, 1. Jhdt. v. Chr.

„Lucius Catilina, einer adeligen Familie entstammend, besaß große Geistes- und Körperkraft, aber eine schlechte, missratene Veranlagung. Von jung auf hatte er an inneren Kriegen, Mord, Raub und Bürgerzwist sein Gefallen, darin übte er sich in seiner Jugendzeit. Hunger, Kälte und Mangel an Schlaf ertrug er mit schier unglaublicher Ausdauer. Er war ein verwegener, heimtückischer, unsteter Mensch, ein Heuchler und Hehler, wo's nur ging, nach fremdem Gut gierend, das eigene verschwendend, glühend in seinen Leidenschaften; Redefertigkeit besaß er genügend, Verständigkeit aber zu wenig. In seiner Schrankenlosigkeit steckte er sich immer maßlose, verstiegene, allzu hohe Ziele. Diesen Menschen hatte seit Lucius Sullas Gewaltherrschaft stärkstes Verlangen ergriffen, die Macht im Staate an sich zu reißen; mit welchen Mitteln er dieses Ziel erreichen könnte, war für ihn ganz unwichtig, wenn er sich nur die Macht verschaffte. Sein triebhaftes Wesen ward von Tag zu Tag mehr und mehr aufgepeitscht durch seine ausweglose Vermögenslage und durch sein Schuldbewusstsein; beides hatte er infolge der oben erwähnten Eigenschaften noch verschlimmert. Einen Anreiz bot außerdem der sittliche Tiefstand des Volkes, bei dem sich Verschwendungssucht und Habgier – die zwei übelsten, einander entgegengesetzten Laster – verheerend auswirkten."

(*Sallust, De Catilinae coniuratione, Kap. 5. Übersetzung von J. Lindauer*)

Cicero: Konsul und „Retter des Vaterlandes" (pater patriae)

Die Pläne der Verschwörer wurden Cicero, dem Konsul des Jahres 63, verraten. Er erreichte, dass der Senat als Gegenmaßnahme durch einen **Notstandsbeschluss** (*senatus consultum ultimum*) den Ausnahmezustand ausrufen ließ (*videant consules, ne quid detrimenti res publica capiat*), wodurch den Konsuln unbeschränkte **Vollmacht** erteilt wurde. Als Catilina, um seine Unschuld zu demonstrieren, am 8. November überraschenderweise im Senat erschien, griff ihn Cicero scharf an. Unter dem Eindruck dieser *1. Catilinarischen Rede* entschloss sich Catilina, Rom zu verlassen, was Cicero in der *2. Catilinari-*

schen Rede dem Volk mitteilte. Die in der Stadt zurück gebliebenen Verschwörer gingen in die Falle, worüber Cicero in der *3. Catilinarischen Rede* dem Volk berichtete. In der Senatsdebatte um die Bestrafung der Verschwörer warnte Caesar vor der **Verhängung der Todesstrafe**; auch der Konsul Cicero, der selbst keinen Antrag stellen, sondern nur meinungsbildend wirken konnte, ergriff das Wort (*4. Catilinarische Rede*); schließlich setzte Cato der Jüngere die Todesstrafe durch, die auch sofort vollzogen wurde. Catilina hatte sich inzwischen zu seinem Heer nach Etrurien begeben. Als er alles verloren sah, stürzte er sich im Januar 62 bei Pistoria in die Schlacht gegen die Regierungstruppen und fiel nach verzweifeltem Kampf.

In Catilinam oratio prima: Historische Voraussetzungen für den rhetorischen Kommunikationsprozess

Die Situation

Catilina hat seine **Vorbereitungen für den Staatsstreich** praktisch abgeschlossen: In der vorangegangenen Nacht hat ein letztes Treffen der Verschwörer stattgefunden, bei dem genaue Anweisungen gegeben wurden, wann wer wo losschlagen sollte; und am frühen Morgen ist ein **Mordanschlag** auf den amtierenden **Konsul Cicero** nur deshalb fehlgeschlagen, weil dieser durch Spitzel vorgewarnt wurde. Dennoch erscheint Catilina wider Erwarten persönlich zur **Senatssitzung**.

Die Zuhörer

Die **Senatoren** haben bereits vor einiger Zeit den Konsuln durch das *senatus consultum ultimum* Sondervollmachten zugestanden. Es liegt auch in ihrem Interesse, jede Gefahr vom römischen Staat abzuwenden. Dennoch würden sie einer Festnahme und Verurteilung Catilinas, der einer der Ihren ist, weil er aus einer altehrwürdigen Patrizierfamilie stammt, erst dann zustimmen, wenn klare und eindeutige Beweise gegen ihn vorliegen. Der **Redner Cicero** hat es daher mit zwei völlig unterschiedlichen Zuhörern zu tun: hier die **Senatoren**, die in ihrer Sympathie für ihn und Catilina gespalten sind, dort **Catilina**.

Der Redner

Cicero ist im Gegensatz zu Catilina *homo novus*. Da er aus dem Ritterstand kommt, hat er erst durch eigenes Hinaufdienen in der **Ämterlaufbahn** (*cursus honorum*) als erster seiner Familie einen Platz im Senat errungen. Sein Ansehen ist trotz seiner **Blitzkarriere** (er erreichte alle Ämter zum frühest möglichen Zeitpunkt: *suo anno*) geringer als jenes eines Patriziers. Durch seine Spitzel ist er zwar über Catilinas Handlungen und Vorhaben informiert, allerdings fehlen ihm bis dato handfeste und stichhaltige **Beweise**. **Ciceros Strategie** zielt darauf ab, Catilina zu isolieren und gleichzeitig die Senatoren als geschlossene Gruppe auf seine, des Konsuls, Seite zu ziehen (vgl. dazu die eindrucksvolle bildliche Darstellung durch den italienischen Historienmaler *Cesare Maccari* (1840–1919) auf dem Umschlag dieses Lektürebandes).

Marcus Tullius Cicero. Statue im Gymnasium „Tullianum" von Arpino.

Welche Zeiten, welche Sitten!

(1) Quo[1] usque tandem abutere[2], Catilina, patientia nostra? Quam diu etiam furor iste tuus nos eludet[3]? Quem[4] ad finem sese effrenata[5] iactabit[6] audacia? Nihilne te nocturnum praesidium Palatii[7], nihil urbis vigiliae, nihil timor populi, nihil concursus[8] bonorum omnium, nihil hic munitissimus habendi[9] senatus locus, nihil horum ora[10] voltusque moverunt? Patere tua consilia non sentis? Constrictam[11] iam horum omnium scientia teneri coniurationem tuam non vides? Quid proxima[12], quid superiore nocte egeris, ubi fueris, quos convocaveris, quid consilii ceperis, quem[13] nostrum ignorare arbitraris?

(2) O tempora, o mores! Senatus haec intellegit, consul videt. Hic tamen vivit. Vivit? Immo[14] vero etiam in senatum venit, fit[15] publici consilii particeps, notat et designat oculis ad caedem unumquemque nostrum. Nos autem, fortes viri, satis facere rei publicae videmur[16], si istius furorem ac tela vitamus. Ad mortem te, Catilina, duci iussu consulis iam pridem oportebat[17], in te conferri pestem, quam tu in nos omnis[18] iam diu machinaris[19].

1 **quo usque tandem**: „wie lange noch“
2 **abutor 3** (+ *Abl.*): missbrauchen; **abutere** = **abuteris**
3 **eludo 3**: verspotten
4 **quem ad finem**: „bis zu welchem Punkt“
5 **effrenatus**, -a, -um: zügellos
6 **iacto 1**: aufschaukeln
7 **Palatii**: „auf dem Palatin“ (*einer der sieben Hügel Roms, strategisch besonders wichtig*)
8 **concursus**, concursus *m.*: Zusammenströmen
9 **habendi senatus locus**: „Ort der Senatssitzung“
10 **ora voltusque**: Mienen und Blicke
11 **constrictam teneri**: lahmgelegt sein
12 **proxima nox / superior nox**: letzte Nacht/ vorletzte Nacht
13 **quem nostrum ignorare** („nicht wissen“) **arbitraris** (*AcI im Fragesatz*): „Wer von uns, glaubst du, wüsste nicht“
14 **immo vero**: „nein, noch schlimmer“
15 **particeps fieri** (+ *Gen.*): teilnehmen (an)
16 **videmur** (+ *NcI*): „wir bilden uns ein“
17 **oportebat** (+ *AcI*): „es hätte sich gehört“ (*im Deutschen so genannter „phraseologischer“ Konjunktiv*)
18 **omnis = omnes**
19 **machinor 1**: ausbrüten

Die Curia *auf dem* Forum Romanum, *in der Antike der Versammlungsort des Senats (Innenraum; Rekonstruktion)*

VOCABULARIUM

patientia, -ae *f.*	Geduld	**coniuratio**, coniurationis *f.*	Verschwörung
furor, furoris *m.*	Wahnsinn	**noto 1**	bezeichnen
audacia, -ae *f.*	Tollkühnheit	**designo 1**	bestimmen
vigilia, -ae *f.*	(Nacht-)Wache	**vito 1**	meiden
pateo 2, -ui, –	offen stehen; *hier:* klar sein	**iussu**	auf Befehl
scientia, -ae *f.*	Wissen	**iam pridem**	schon längst

ARS RHETORICA – Kunst der Rede – RHETORIK

Arbeitsschritte des Redners (officia oratoris)

Schon in der Antike sind die Redner nach einem wohlüberlegten Plan an die Arbeit gegangen:

inventio (Finden)	Stoff- und Ideensammlung, Auffinden der Hauptgesichtspunkte
dispositio (Ordnen)	Stoffgliederung entsprechend der Sachlage und Wirkungsintention
elocutio (Formulieren)	Stilistische Ausarbeitung (angemessener Ausdruck, Stilfiguren)
memoria (Behalten)	Auswendiglernen
actio / pronuntiatio (Vortragen)	Mimik, Gestik, Sprechtempo, Betonung, Pausen

ACTIVA ET CONTEMPLATIVA

- Der Überraschung über Catilinas unvermutetes Erscheinen in der Senatsversammlung entspricht der ungewöhnlich effektvolle Beginn von Ciceros Rede. Verfolge, wie geschickt Cicero seine Redestrategie (vgl. S. 25) umsetzt. Beachte dabei die Tempora der Prädikate, die eingesetzten rhetorischen Stilmittel und die Spaltung zwischen „du“ (Catilina) und „wir“ (Senatoren und Konsul)!
- Reden leben und beeindrucken erst richtig, wenn sie wirkungsvoll vorgetragen werden. Bereite eine gute *pronuntiatio* dieser ersten zwei Kapitel vor (lateinisch und deutsch)!
- *O tempora, o mores!* Diese Worte möchte man auch in unserer Zeit manchmal laut ausrufen. Entwickle von der *inventio* bis zur *actio* nach den alten *officia oratoris* eine moderne Rede zu diesem Thema!

Der Feind sitzt im Senat – sein Heer steht bereit

(5) Castra sunt in Italia contra populum Romanum in Etruriae[1] faucibus[2] conlocata[3], crescit[4] in[5] dies singulos hostium numerus; eorum autem castrorum imperatorem ducemque hostium intra[6] moenia atque adeo[7] in senatu videtis aliquam cotidie perniciem rei publicae molientem[8]. Si te iam, Catilina, comprehendi[9], si interfici iussero, credo, erit verendum mihi, ne[10] non hoc potius omnes boni serius[11] a me quam quisquam crudelius factum esse dicat. Verum ego[12] hoc, quod iam pridem factum esse oportuit, certa de causa nondum adducor[13], ut faciam. Tum denique interficiere[14], cum iam nemo tam improbus, tam perditus, tam tui similis inveniri poterit, qui id non iure factum esse fateatur.

(6a) Quamdiu[15] quisquam erit, qui te defendere audeat, vives, et vives ita, ut nunc vivis: multis meis et firmis[16] praesidiis obsessus[17], ne commovere[18] te contra rem publicam possis. Multorum te etiam oculi et aures[19] non[20] sentientem, sicut adhuc[21] fecerunt, speculabuntur[22] atque custodient.

1 **Etruria**, -ae: Etrurien (*heute*: Toskana)
2 **fauces**, faucium *f. Pl.*: Pass
3 **conloco 1**: aufstellen
4 **cresco 3** crevi, cretum: wachsen
5 **in dies singulos**: Tag für Tag
6 **intra** (+ *Akk.*): innerhalb
7 **adeo**: sogar
8 **molientem**: *Participium coniunctum zu* **imperatorem ducemque**; **molior 4**: planen
9 **comprehendo 3**: festnehmen
10 *Stelle um*: **ne non omnes boni potius <dicant> hoc serius a me <factum esse>, quam quisquam crudelius factum esse dicat.**
11 **serius**: zu spät
12 *Stelle um*: **… ego nondum adducor, ut hoc faciam, quod … oportuit**
13 **adduco 3**: veranlassen
14 **interficiere = interficieris**
15 **quamdiu**: solange
16 **firmus**, -a, -um: stark
17 **obsessus**, -a, -um: bedrängt
18 **te commovere**: *hier*: etwas unternehmen
19 **auris**, auris *f.*: Ohr
20 **non sentientem**: „ohne dass du es merkst"
21 **adhuc**: bisher
22 **speculor 1**: beobachten

Julio Ibarra, Buchillustration zu Sallusts „Verschwörung des Catilina". Kupferstich, 1772.

VOCABULARIUM

potius (*Adv.*)	eher	**pridem** (*Adv.*)	längst
iam	schon; nun	**cum** (+ *Indikativ*)	wenn, als, indem
boni, -orum *m.Pl.*	die anständigen Leute, Patrioten	**perditus**, -a, -um	verkommen
		sicut	wie
verum	aber	**custodio 4**	bewachen

ACTIVA ET CONTEMPLATIVA

Cicero hatte es gegen Catilina mit einer schwierigen Ausgangslage zu tun: Er hatte zwar als Konsul genügend *Hinweise* auf den geplanten Umsturzversuch der Verschwörer, stichhaltige *Beweise* hatte er jedoch keine. Als Catilina in den Senat kam und den Unschuldigen spielte, verhielt sich die Mehrheit der Senatoren abwartend.

Ciceros **persuasive Strategie** (Überredungstechnik) in dieser ersten Rede gegen Catilina war von zwei gegensätzlichen Überredungszielen geprägt:

- Er wollte eindeutige Verhältnisse schaffen: Catilina musste von der Senatsmehrheit isoliert werden. Wenn er Rom verließe und zu seinem Heer ginge, wären die Fronten klar: Catilina hätte sich selbst als *hostis* (Staatsfeind) geoutet.
- Die schweigende Senatsmehrheit musste überzeugt werden, dass nicht Cicero Catilina vertrieb, sondern dieser schon von sich aus gehen wollte.

Um dies zu erreichen, arbeitete Cicero geschickt mit den Mitteln der **Psychagogie** (seelische Beeinflussung, griech.: „Seelenführung“): Seine Taktik bestand darin, den Gegner zu demaskieren und zu isolieren: „Hier wir, die *boni* (Patrioten), ich und die Senatoren – dort der *hostis* Catilina, *iste homo*!“ Wer Catilina verteidigte, machte sich ihm gleich.

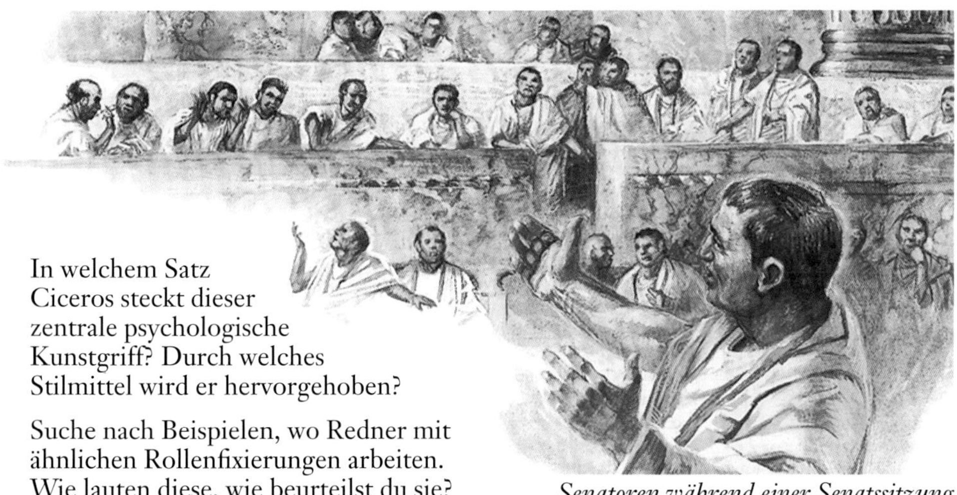

Senatoren während einer Senatssitzung

- In welchem Satz Ciceros steckt dieser zentrale psychologische Kunstgriff? Durch welches Stilmittel wird er hervorgehoben?
- Suche nach Beispielen, wo Redner mit ähnlichen Rollenfixierungen arbeiten. Wie lauten diese, wie beurteilst du sie?

Verschwinde endlich zu den Deinen, Catilina!

(10) Quae cum ita sint, Catilina, perge[1], quo coepisti! Egredere aliquando ex urbe! Patent portae; proficiscere! Nimium[2] diu te imperatorem tua illa Manliana[3] castra desiderant[4]. Educ tecum etiam omnes tuos! Si[5] minus, quam plurimos! Purga[6] urbem! Magno me metu liberabis, dum modo inter me atque te murus[7] intersit[8]. Nobiscum versari iam diutius non potes; non feram, non patiar, non sinam[9].

(13) Quid est, Catilina? Num dubitas id me imperante facere, quod iam tua sponte faciebas[10]? Exire ex urbe iubet consul hostem. Interrogas me, num in exilium; non iubeo, sed, si me consulis[11], suadeo[12].

Alle distanzieren sich von dir, Catilina!

(16) Nunc vero quae tua est ista vita? Sic enim iam tecum loquar, non ut odio permotus[13] esse videar, quo[14] debeo, sed ut misericordia, quae tibi nulla[15] debetur. Venisti paulo ante in senatum. Quis te ex hac tanta frequentia totque tuis amicis ac necessariis[16] salutavit[17]? Si hoc post hominum memoriam contigit[18] nemini, vocis[19] exspectas contumeliam, cum sis gravissimo iudicio taciturnitatis[20] oppressus? Quid[21], quod adventu tuo ista subsellia[22] vacuefacta[23] sunt, quod omnes consulares[24], qui tibi[25] persaepe ad caedem constituti fuerunt, simul atque adsedisti[26], partem istam subselliorum nudam[27] atque inanem[28] reliquerunt – quo tandem animo tibi ferendum putas?

1 **perge, quo coepisti**: „setze den Weg fort, den du eingeschlagen hast“
2 **nimium**: allzu
3 **Manliana castra**: das Lager, das unter dem Kommando des Manlius steht
4 **desidero 1**: vermissen
5 **si minus**: wenn nicht
6 **purgo 1**: reinigen
7 **murus**, -i *m.*: Mauer
8 **intersum**, -esse: dazwischen liegen
9 **sino 3**: zulassen, erlauben
10 **faciebas**: „tun wolltest“ (*Imperfectum de conatu*)
11 **consulo 3**: um Rat fragen
12 **suadeo 2**, suasi, suasum: raten
13 **permotus**, -a, -um: bewegt
14 **quo <permotus esse> debeo**
15 **nulla = non**
16 **necessarius**, -i *m.*: Vertrauter
17 **saluto 1**: grüßen
18 **contingo 3**, contigi, –: widerfahren
19 **vocis contumelia**: „laute Beschimpfung“
20 **taciturnitas**, taciturnitatis *f.*: Schweigen
21 **quid, quod …**: ist es nicht so, dass …?
22 **subsellium**, -i *n.*: Bankreihe
23 **vacuefacio 3**, vacuefeci, -factum: leer machen
24 **consularis**, consularis *m.*: ehemaliger Konsul
25 **tibi** *(dativus auctoris)* **= a te**
26 **adsido 3**, adsedi, -sessum: Platz nehmen
27 **nudus**, -a, -um: frei
28 **inanis**, inane: *hier*: unbesetzt

VOCABULARIUM

pateo 2, -ui, –	offen stehen	**debeo 2**, -ui, –	schulden; müssen; *passiv*: zustehen
dum modo (+ *Konj.*)	wenn nur	**misericordia**, -ae *f.*	Mitleid
versor 1	sich aufhalten	**frequentia**, -ae *f.*	Menge
sponte (+ **mea, tua, sua**)	freiwillig, aus eigenem Entschluss	**opprimo 3**, oppressi, -pressum	überwältigen
ex(s)ilium, -i *n.*	Verbannung	**persaepe** (*Adv.*)	sehr oft
		simul atque	sobald (als)

ACTIVA ET CONTEMPLATIVA

- Welche nonverbale Botschaft vermitteln die Senatoren Catilina durch ihre Körpersprache?
- Gerade in der ersten Rede gegen Catilina zeigt Cicero, dass er die Körpersprache der schweigenden Senatsmehrheit raffiniert für seine Argumentation zu nützen versteht. Wie tut er das hier? Beobachte diesen Punkt auch bei der weiteren Lektüre!
- Im Deutschen verwenden wir manchmal den Ausdruck „beredtes Schweigen“. Es handelt sich dabei um ein sogenanntes **Oxýmoron**, die Zusammenfügung zweier, einander an und für sich widersprechender, Begriffe (vgl. auch „süßsauer“, „alter Knabe“ etc.). Wie lautet das *„iudicium taciturnitatis“* der Senatoren, auf das Cicero anspielt?

ARS RHETORICA – Kunst der Rede – RHETORIK

Rhetorische Stilmittel (2)

Wenn man besonders eindringlich sprechen will, ergeben sich manche Stilmittel ganz von selbst, z.B.: „Welche *Freude*, welcher *Jubel*, welche *Begeisterung*!“ oder: *„Veni, vidi, vici“*: Dreigliedrigkeit im Ausdruck (**Trikolon**).

Verbunden damit ist meist eine **Klimax** („Leiter“): stufenweise Steigerung. Wörter mit ähnlicher Bedeutung sind so angeordnet, dass die Aussage immer mehr hervorgehoben und der Hörer dadurch beeindruckt wird (stärkster Ausdruck am Schluss).

Die Wirkung einer Aufzählung (**Enumeratio**) wird wie bei obigen Beispielen oft durch das **Asyndeton** (Fehlen von Bindewörtern) verstärkt. Eine andere Möglichkeit besteht darin, zwischen allen Teilen einer Aufzählung ein Bindewort zu setzen (**Polysyndeton**).

Pars pro toto: Ein Teil eines Gegenstandes wird als Bezeichnung für das Ganze verwendet, z. B. *tecta* („Dächer“) für „Häuser“.

Antithese: Gegensatzpaar; pointierte Gegenüberstellung von Wörtern oder Sätzen. z.B.: *Himmel und Hölle, Berg und Tal, durch dick und dünn. Dieses Buch enthält Neues und Gutes; aber das Gute ist nicht neu und das Neue ist nicht gut.* (G. E. Lessing)

Interrogatio: rhetorische Frage, auf die keine Antwort erwartet wird. Eigentlich eine Aussage, als Scheinfrage formuliert: *Wer wüsste nicht, dass …*

Du gehörst nicht mehr zu den *cives Romani*!

(17) Servi mehercule[1] mei si me isto pacto[2] metuerent, ut te metuunt omnes cives tui, domum meam relinquendam putarem; tu tibi urbem non[3] arbitraris? Et, si me meis civibus iniuria suspectum[4] tam graviter atque offensum[5] viderem, carere[6] me aspectu civium quam infestis omnium oculis conspici mallem; tu cum[7] conscientia scelerum tuorum agnoscas[8] odium omnium iustum et iam diu tibi debitum[9], dubitas, quorum mentes sensusque volneras[10], eorum aspectum praesentiamque[11] vitare? Si te parentes timerent atque odissent tui neque eos ulla ratione placare[12] posses, ut opinor, ab eorum oculis aliquo[13] concederes. Nunc te patria, quae communis est parens omnium nostrum, odit ac metuit et iam diu nihil[14] te iudicat nisi de parricidio[15] suo cogitare; huius tu neque auctoritatem verebere[16] nec iudicium sequere[17] nec vim pertimesces?

1 **mehercule**: „beim Herkules!"
2 **pacto = modo**
3 **non <relinquendam esse> arbitraris**
4 **suspectus**, -a, -um: verdächtig
5 **offensus**, -a, -um: verhasst
6 **carere aspectu**: „den Anblick meiden"
7 **cum** (+ *Konjunktiv*): obwohl
8 **agnosco 3**: anerkennen
9 **debitus**, -a, -um: gebührend
10 **volneras = vulneras**
11 **praesentia**, -ae *f.*: Gegenwart
12 **placo 1**: versöhnen
13 **aliquo**: irgendwohin
14 *ordne*: **iudicat te nihil nisi de parricidio suo cogitare**
15 **parricidium,** -i *n.*: *hier*: Untergang
16 **verébere = verébĕris**
17 **sequére = sequéris**

Der isolierte Catilina im Senat (Ausschnitt aus dem Fresko von Cesare Maccari im Palazzo Madama, Rom)

VOCABULARIUM

metuo 3, metui, –	fürchten	**ratio**, rationis *f.*	Art und Weise
infestus, -a, -um	feindselig	**concedo 3**, concessi, -cessum	weggehen; erlauben, zugestehen
aspectus, aspectus *m.*	Anblick	**pertimesco 3**, pertimui, –	fürchten
conscientia, -ae *f.*	Bewusstsein		
vito 1	meiden		
odi, odisti, odisse, –	hassen		

ACTIVA ET CONTEMPLATIVA

- Mit dem Ausspruch „**civis Romanus sum**“ konnte sich ein römischer Bürger im Ausland der Strafverfolgung durch ein fremdes Gericht oder innerhalb des römischen Reiches einer Strafe, die für Bürger nicht vorgesehen war, entziehen. Von diesem Vorrecht machte z.B. auch der *Apostel Paulus*, der ja römischer Bürger war, Gebrauch (vgl. *Apostelgeschichte* 22, 25–27). Informiere dich genauer über sein Schicksal!
- Das römische Bürgerrecht war somit ein Privileg, und wer es besaß, war stolz darauf. Welche Rechte und Pflichten sind heute mit der Staatsbürgerschaft verbunden?
- Der amerikanische Präsident *John F. Kennedy* hielt 1963, am Höhepunkt des Kalten Krieges, in West-Berlin eine berühmte Rede. Welche rhetorischen Mittel setzt er ein?

Meine Berliner und Berlinerinnen!
Ich bin stolz, heute in Ihre Stadt zu kommen als Gast Ihres hervorragenden Regierenden Bürgermeisters, der in allen Teilen der Welt als Symbol für den Kampf und den Widerstandsgeist West-Berlins gilt. Ich bin stolz, auf dieser Reise die Bundesrepublik Deutschland zusammen mit Ihrem hervorragenden Herrn Bundeskanzler besucht zu haben, der während so langer Jahre die Politik bestimmt hat nach den Richtlinien der Demokratie, der Freiheit und des Fortschritts. Ich bin stolz darauf, heute in Ihre Stadt in der Gesellschaft eines amerikanischen Mitbürgers gekommen zu sein: General Clay, der hier tätig war in der Zeit der schwersten Krise, durch die diese Stadt gegangen ist, und der wieder nach Berlin kommen wird, wenn es notwendig sein sollte.
Vor zweitausend Jahren war der stolzeste Satz, den ein Mensch sagen konnte, der: Ich bin ein Bürger Roms! Heute ist der stolzeste Satz, den jemand in der freien Welt sagen kann: „Ich bin ein Berliner!“

John F. Kennedy während seiner Berlin-Rede am 26. Juni 1963

Sogar das Vaterland beklagt sich über dich!

(18) Quae[1] tecum, Catilina, sic agit et quodam modo tacita loquitur: „Nullum iam aliquot[2] annis facinus exstitit nisi per te, nullum flagitium sine te; tibi uni multorum civium neces[3], tibi vexatio[4] direptioque[5] sociorum impunita[6] fuit ac libera; tu non solum ad neglegendas leges et quaestiones[7], verum etiam ad evertendas perfringendasque[8] valuisti. Superiora illa, quamquam ferenda non fuerunt, tamen, ut potui, tuli; nunc[9] vero me totam esse in metu propter unum te, quicquid[10] increpuerit, Catilinam timeri, nullum videri contra me consilium[11] iniri posse, quod a tuo scelere abhorreat, non est ferendum. Quam ob rem discede atque hunc mihi timorem eripe; si est verus, ne opprimar, sin falsus, ut tandem aliquando timere desinam."

1 **quae**: *relativer Anschluss an* **patria**
2 **aliquot annis**: „seit einigen Jahren"
3 **nex**, necis *f.*: Ermordung
4 **vexatio**, vexationis *f.*: Misshandlung
5 **direptio**, direptionis *f.*: Plünderung
6 **impunitus**, -a, -um: ungestraft
7 **quaestio**, quaestionis *f.*: *hier*: (gerichtliche) Untersuchung, Prozess
8 **perfringo 3**: (durch)brechen
9 *verbinde*: **nunc vero … non est ferendum**
10 **quicquid increpuerit**: „bei jedem noch so kleinen Geräusch"
11 **consilium inire**: einen Plan schmieden

Auseinandersetzung im römischen Senat (Buchillustration).

VOCABULARIUM

tacitus, -a, -um	schweigend	**superior**, -ius	voriger
exsisto 3, exstiti, –	auftauchen, entstehen	**abhorreo 2**, abhorrui, –	abweichen
flagitium, -i *n.*	Schandtat	**eripio 3**, eripui, -reptum	(weg)nehmen, entreißen
verum etiam	sondern auch	**opprimo 3**, oppressi, -pressum	überwältigen, unterdrücken
everto 3 everti, -versum	untergraben, vernichten	**sin**	wenn aber
valeo 2, valui, –	vermögen, *hier:* die Kraft haben zu	**desino 3**, désii, désitum	aufhören

ACTIVA ET CONTEMPLATIVA

- Welches Stilmittel verwendet Cicero, wenn er die *Patria* sprechen lässt?
- Wie stellt Cicero Catilina in den Kapiteln 17 und 18 dar? Welches „Leitmotiv" zieht er durch, um die Zuhörer zu emotionalisieren?
- In *Bertolt Brechts* Romanfragment *„Die Geschäfte des Herrn Julius Caesar"* taucht Catilina ebenfalls auf. Der Bankier und Hausbesitzer *Crassus* sagt über ihn:

„Catilina ist ein talentierter Mensch aus einer unserer ältesten Familien, also völlig bankrott. Von der City *(damit meint Brecht die vermögenden Bankiers aus dem Ritterstand)* fünfmal saniert. Er unterschreibt jeden Wechsel, den sie ihm hinhalten, und würde als Regierungschef auch jede Verordnung unterschreiben, die man ihm hinhält. Er hat leider allerhand Beredsamkeit. Diejenigen meiner Mieter in den ärmeren Vierteln, die ihn haben reden hören, zahlen ihren Mietzins nicht mehr. Wir werden mit ihm zu tun bekommen." C. *(= Cäsar)* sagte später spöttisch, es sei weniger die Beredsamkeit des Catilina, welche die Minderbemittelten zur Revolution zwingt, als die Beredsamkeit der feuchten Flecken in den Wohnbaracken des Crassus.

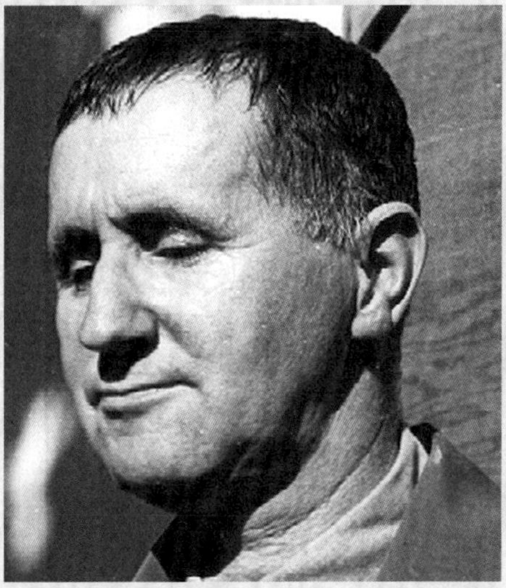

Bertolt Brecht (1898–1956)

- Vergleiche dazu die Charakteristik Catilinas, die der Historiker *Sallust* gibt (siehe S. 24). Welche Merkmale in Catilinas Charakter hat Brecht von Sallust übernommen?

„Strafe muss sein!“ sagt das Vaterland

(27b) Nunc, ut a me, patres conscripti, quandam prope iustam patriae querimoniam[1] detester[2] ac deprecer[3], percipite, quaeso, diligenter, quae dicam, et ea penitus animis vestris mentibusque mandate! Etenim si mecum patria, quae mihi vita[4] mea multo est carior[5], si cuncta Italia, si omnis res publica loquatur:

„M.Tulli, quid agis?
Tune eum,
    quem[6] esse hostem *comperisti*[7],
    quem ducem belli futurum *vides*,
    quem exspectari imperatorem in castris hostium *sentis*,
auctorem sceleris,
principem coniurationis,
evocatorem[8] servorum et civium perditorum,
exire **patiere**[9],
    ut abs te non emissus ex urbe,
        sed immissus in urbem esse *videatur*?

Nonne hunc in vincla[10] duci, non ad mortem rapi, non summo supplicio mactari[11] imperabis?

(28) Quid tandem te impedit? Mosne maiorum? At persaepe etiam privati in hac re publica perniciosos cives morte multarunt[12]. An leges, quae de civium Romanorum supplicio rogatae[13] sunt? At numquam in hac urbe, qui[14] a re publica defecerunt[15], civium iura tenuerunt. An invidiam posteritatis times? Praeclaram vero populo Romano refers gratiam, qui te, hominem per te cognitum[16], nulla commendatione[17] maiorum tam mature[18] ad summum imperium per omnis[19] honorum gradus[20] extulit, si propter invidiam aut alicuius periculi metum salutem civium tuorum neglegis.“

1 **querimonia**, -ae *f.*: Klage
2 **detestor 1**: (entschieden) zurückweisen
3 **deprecor 1**: (mit allem Nachdruck) ersuchen, („dass [sie] nicht beachtet wird“)
4 *Ablativus comparationis!*
5 **carus**, -a, -um: lieb
6 **quem** … *dreimal AcI im Relativsatz*
7 **comperio 4**, comperi, -pertum: in Erfahrung bringen
8 **evocator**, evocatoris *m.*: Aufwiegler
9 **patiere = patieris**
10 **vinclum**, -i *n.*: Fessel
11 **macto 1**: hinrichten, bestrafen
12 **multo 1**: bestrafen (**multarunt = multaverunt**)
13 **legem rogare**: ein Gesetz beantragen
14 **<ii>, qui**
15 **deficio 3**: abfallen (= Gegner werden)
16 **cognitus**, -a, -um: bekannt geworden
17 **commendatio**, commendationis *f.*: Empfehlung
18 **maturus**, -a, -um: frühzeitig
19 **omnis = omnes**
20 **gradus**, gradus *m.*: Stufe; **honorum gradus**: Stufen der Ämterlaufbahn

VOCABULARIUM

percipio 3, percepi, -ceptum	vernehmen, wahrnehmen
quaeso	bitte
penitus (*Adv.*)	tief
perditus, -a, -um	verkommen
persaepe (*Adv.*)	sehr oft
posteritas, posteritatis *f.*	Nachwelt, Zukunft
effero, -fers, -ferre, extuli, elatum	erheben

ACTIVA ET CONTEMPLATIVA

- Welche Vorwürfe richtet das Vaterland an den amtierenden Konsul Cicero?
- Welche Absicht verfolgt Cicero damit, die *Patria* personifiziert als Rednerin auftreten zu lassen? Besteht nicht auch die Gefahr, dass er sich durch ihre Äußerungen selbst in Misskredit bringt?
- Wie wird das Problem der Todesstrafe in diesem Text beurteilt? Wie ist deine Meinung dazu?
- „M.Tulli, quid agis?“ – In dieser Textpassage greift Cicero ganz bewusst zum pathetischen *genus grande*, dem „erhabenen Stil“ (vgl. Seite 19): Längere *Perioden* (kunstvoll gebaute Satzgefüge in rhythmisch ausgewogener Komposition) sind in einzelne *Kola* (in sich geschlossene Wortgruppen) gegliedert. Sie lassen sich leichter erkennen und übersetzen, wenn man den Text so wie auf Seite 36 in *kolometrischer Gliederung* wiedergibt. Der *Hauptsatz* beginnt ganz links, jeder abhängige *Gliedsatz* wird eine Stufe eingerückt, parallele *Kola* (Satzglieder) stehen untereinander. Als zusätzliche Hilfe sind **Subjekt** und **Prädikat** des Hauptsatzes **durchgängig unterstrichen**, *Einleitung* und *Prädikat* des abhängigen Gliedsatzes *punktiert unterstrichen*: So entsteht gleichsam eine *Textpartitur*, in der nicht nur die verwendeten rhetorischen Stilmittel, sondern auch Leitwörter und Argumentationsstrategie deutlich hervortreten.

ARS RHETORICA – Kunst der Rede – RHETORIK

Rhetorische Stilmittel (3)

Personificatio: Ein abstrakter oder lebloser Begriff wird als lebende Person eingeführt. Die Personifikation erzeugt Abwechslung und Spannung; z.B.: Ganz *Österreich* liegt ihm zu Füßen.

Die Personifikation ist eine Sonderform der **Metápher**, des **abgekürzten Vergleichs**. Darunter versteht man die „Übertragung“ eines bildlichen Ausdrucks auf den eigentlichen ohne erklärendes Vergleichswort, z.B.:

Vergleich: Er hat gekämpft *wie ein Löwe*.

Metapher: Er war ein *Löwe* im Kampf.

Durch häufigen Gebrauch **verblassen Metaphern**: die *Zeit läuft* davon, jemandem *Mut einflößen*, einen *Blick* auf etwas *werfen* …

Hilf, Jupiter, auf dass die Schlechten weichen!

(32) Quare **secedant**[1] **improbi**,
secernant se a bonis,
unum in locum **congregentur**[2],
muro[3] denique, *quod* saepe iam *dixi*, **secernantur** a nobis!

Desinant insidiari domi[4] suae consuli,
circumstare[5] tribunal praetoris urbani,
obsidere[6] cum gladiis curiam,
malleolos[7] et faces ad inflammandam urbem **comparare**!

Sit denique **inscriptum** in fronte[8] uniuscuiusque,
quid de re publica *sentiat*!

Polliceor hoc vobis, patres conscripti,
tantam in nobis consulibus fore diligentiam,
tantam in vobis auctoritatem,
tantam in equitibus Romanis virtutem,
tantam in omnibus bonis consensionem[9],
ut Catilinae profectione[10] *omnia patefacta*[11], *inlustrata*[11],
oppressa, *vindicata esse videatis*.

(33) Hisce[12] ominibus[13], **Catilina**, cum summa rei publicae salute, cum tua peste ac pernicie cumque eorum exitio, *qui* se tecum omni scelere parricidioque[14] *iunxerunt*, **proficiscere** ad impium bellum ac nefarium! Tu, **Iuppiter**, *qui* isdem[15] quibus haec urbs auspiciis a Romulo *es constitutus*, *quem* Statorem[16] huius urbis atque imperii vere *nominamus*, hunc et huius socios a tuis ceterisque templis, a tectis urbis ac moenibus, a vita fortunisque civium omnium **arcebis**[17] et homines bonorum inimicos, hostes patriae, latrones[18] Italiae scelerum foedere[19] inter se ac nefaria societate coniunctos aeternis[20] suppliciis vivos mortuosque **mactabis**[21].

1 **secedo 3**: weggehen
2 **congregor 1**: sich zusammenscharen
3 **murus**, -i *m.*: Mauer
4 **domi suae** (*Lokativ*): in seinem (eigenen) Haus
5 **circumstare tribunal praetoris urbani:** den Richterstuhl des städtischen Praetors umlagern
6 **obsideo 2**, obsedi, -sessum: belagern
7 **malleoli et faces**: Brandpfeile und Fackeln
8 **frons**, frontis *f.*: Stirn
9 **consensio**, consensionis *f.*: Einigkeit
10 **profectio**, profectionis *f.*: Weggang
11 **patefacta, inlustrata**: enthüllt und ans Licht gebracht
12 **hisce** = (*verstärktes*) **his**
13 **omen**, ominis *n.*: Vorzeichen, Prophezeiung
14 **parricidium**, -i *n.*: Mord
15 **isdem quibus … auspiciis**: „unter denselben Vorzeichen wie“
16 **Stator**, Statoris *m.* (*Beiname Jupiters*): Schützer, Erhalter (des Bestehenden)
17 **arceo 2**: fernhalten
18 **latro**, latronis *m.*: Räuber
19 **foedus**, foederis *n.*: Bund
20 **aeternus**, -a, -um: ewig
21 **macto 1**: hinrichten, bestrafen

VOCABULARIUM

secerno 3, secrevi, secretum	absondern	**vindico 1**	bestrafen
desino 3, désii, désitum	aufhören	**exitium**, -i *n.*	Untergang
insidior 1	auflauern	**(con)iungo 3**, (con)iunxi, -iunctum	verbinden
inflammo 1	anzünden	**impius**, -a, -um	gottlos
boni, -orum *m.Pl.*	die anständigen Leute, Patrioten	**tectum**, -i *n.*	Dach; Haus (*pars pro toto*, vgl. S. 31)
opprimo 3, oppressi, -pressum	überwältigen, unterdrücken	**fortunae**, -arum *f.Pl.*	Vermögen

ARS RHETORICA – Kunst der Rede – RHETORIK

Schlusswort (peroratio)

Der **Schlussteil der Rede** (*peroratio* – vgl. die Teile der Rede, S. 11) zielt besonders darauf ab, die **Gemüter** der Zuhörer zu **bewegen** (*movere*) und **Affekte** (Entrüstung, Mitleid etc.) **hervorzurufen**. Wichtig in der *peroratio* sind:

- das **direkte Ansprechen** der Zielgruppe(n)
- die **komprimierte Zusammenfassung** der Ziele der Rede in einprägsamer, rhetorisch ausdrucksvoller Form
- die **überlegte Steigerung** auf den Schlussakzent hin.

ACTIVA ET CONTEMPLATIVA

- Anregung zur Diskussion: „*Sit denique inscriptum in fronte uniuscuiusque …*"

  Wie beurteilst du Ciceros Wunsch? Welche Ausgrenzungen gesellschaftlicher Minderheiten kennst du aus der Geschichte? Was waren die Gründe dafür?

- Kap. 32 ist wiederum in *kolometrischer Gliederung* (vgl. S. 36/ 37) dargestellt. Schreibe auch das Schlusskapitel (33) von Ciceros Rede nach diesem Modell nieder!

Julio Ibarra, Buchillustration zu Sallusts „Verschwörung des Catilina". Kupferstich, 1772.

Catilinas Rede an seine Mitverschworenen

*Der Historiker **Sallust** lässt in seinem Geschichtswerk „**De Catilinae coniuratione**" Catilina eine (erfundene) Rede an seine Mitverschwörer halten, die ebenso wie er nichts mehr zu verlieren haben. Durch die bewusste Verwendung altertümlicher Formen (**Archaismen**) will Sallust den **altrömischen Geist** wieder aufleben lassen.*

„Ni virtus fidesque vostra[1] spectata[2] mihi forent[3], nequiquam opportuna[4] res cecidisset; spes magna, dominatio in manibus frustra fuissent, neque ego per ignaviam aut vana[5] ingenia incerta[6] pro certis captarem[7]. Sed quia multis et magnis tempestatibus[8] vos cognovi fortes fidosque mihi, eo animus[9] ausus est maxumum[10] atque pulcherrumum facinus incipere, simul quia vobis eadem, quae mihi, bona malaque esse intellexi: nam idem velle atque idem nolle, ea[11] demum firma amicitia est.

Sed ego quae mente[12] agitavi, omnes iam antea divorsi[13] audistis. Ceterum mihi[14] in dies magis animus adcenditur, quom[15] considero, quae condicio vitae futura sit, nisi nosmet[16] ipsi vindicamus in libertatem. Nam postquam res publica in[17] paucorum potentium ius atque dicionem concessit, semper illis reges, tetrarchae[18] vectigales[19] esse[20], populi, nationes stipendia[21] pendere[20]; ceteri omnes, strenui[22], boni, nobiles atque ignobiles[23], volgus fuimus, sine gratia, sine auctoritate, iis obnoxii[24], quibus, si res publica valeret, formidini[25] essemus. Itaque omnis gratia, potentia, honos, divitiae apud illos sunt aut ubi illi volunt; nobis reliquere[26] pericula, repulsas[27], iudicia, egestatem[28].

(Fortsetzung auf Seite 42)

1 **vostra = vestra** (**o** statt **e**: *Arch.*[*aismus*])
2 **spectatus**, -a, -um (*mihi*): (*von mir*) erprobt
3 **forent = essent**
4 **opportuna res cadit**: es ergibt sich eine günstige Situation
5 **vanus**, -a, -um: unzuverlässig
6 **incerta**, **certis**: *n.Pl., als Nomina gebraucht*
7 **capto 1**: nach etwas greifen
8 **tempestas**, tempestatis *f.*: *hier*: Gefahr
9 **animus <meus> ausus est = ausus sum**
10 **maxumum atque pulcherrumum = maximum et pulcherrimum** (**u** statt **i**: *Arch.*)
11 **ea ... amicitia est**: das ... ist Freundschaft
12 **mente agitare**: überlegen
13 **divorsus**, -a, -um (**o** statt **e**: *Arch.*): *hier*: einzeln
14 **mihi animus adcenditur**: es begeistert mich
15 **quom = cum** (*Arch.*)
16 **nosmet** = (*betontes*) **nos**
17 **in alicuius ius atque dicionem concedere**: in jemandes Recht und Gewalt übergehen
18 **tetrarches**, -ae *m.*: Fürst
19 **vectigalis**, vectigale: steuerpflichtig
20 *hist. Inf., übersetze als 3. Pers. Präteritum*
21 **stipendia pendere**: Tribut leisten
22 **strenuus**, -a, -um: tüchtig
23 **ignobilis**, ignobile: niedrig, unbedeutend
24 **obnoxius**, -a, -um (+ *Dat.*): abhängig (von)
25 **formidini esse** (**formido**, formidinis *f.*): Furcht einflößen
26 **reliquere = reliquerunt**
27 **repulsa**, -ae *f.*: Abweisung
28 **egestas**, egestatis *f.*: (bittere) Armut

VOCABULARIUM

ni (= nisi)	wenn nicht	**demum** (*Adv.*)	erst
nequiquam (*Adv.*)	vergeblich	**firmus**, -a, -um	stark
dominatio, dominationis *f.*	absolute Macht	**ceterum** (*Adv.*)	im Übrigen
frustra (*Adv.*)	vergeblich	**aliquem in libertatem vindicare**	jemandem die Freiheit verschaffen
ignavia, -ae *f.*	Faulheit	**potens** (*Gen.*: potentis)	mächtig
incertus, -a, -um	unsicher	**volgus**, -i ***n.*** (*Archaismus für*: vulgus)	Volk, Pöbel
cognosco 3, cognovi, cognitum	kennen lernen	**valeo 2**, valui, –	stark sein
eo (*Adv.*)	deshalb	**potentia**, -ae *f.*	Macht
incipio 3, coepi, coeptum	beginnen		
simul (*Adv.*)	gleichzeitig		

De Catilinae coniuratione

Diese historische Monographie des **Sallust** *ist neben Ciceros Reden die zweite wichtige Quelle über die Verschwörung des Catilina. Sallust schildert darin die gesellschaftlichen Hintergründe, politischen Ursachen und den Verlauf dieses Umsturzversuches aus – wie viele meinen –* ***objektiverer Sicht*** *als der persönlich involvierte Konsul Cicero. Mehrere längere* ***Reden****, die von Sallust rekonstruiert und bewusst stilisiert sind, haben eine* ***Doppelfunktion****: Sie dienen einerseits der* ***spannenden Gestaltung*** *(„Geschichte als Drama"), andererseits bieten sie eine* ***indirekte Charakterisierung*** *der jeweiligen Sprecher.*

ARS RHETORICA – Kunst der Rede – RHETORIK

Technik der *argumentatio*: Information und Manipulation

Jeder Redner ist ein Stratege, der je nach Redesituation bestimmte, von ihm bewusst ausgewählte und zusammengestellte Informationen an seine Zuhörer weitergibt. Durch die Art der Darstellung kann er sein Publikum manipulieren.

Mittel zur Aufwertung des eigenen Standpunktes

a. Günstiges, Vorteile und Verdienste hervorheben, Ungünstiges abschwächen;
b. eigene Fehler anderen oder den Umständen zuschieben;
c. sich mit den Zuhörern solidarisieren („Wir alle …");
d. sich selbst positive Werte und Attribute zuschreiben;
e. uneigennützige Ziele vorgeben („Frieden, Freiheit, Gemeinwohl …").

Mittel zur Abwertung der gegnerischen Seite

a. Ungünstiges hervorheben, Günstiges abschwächen oder verschweigen;
b. Fehler des Gegners übermäßig betonen;
c. Gegenpartei spalten: einen Teil ins eigene Lager ziehen, den anderen ausgrenzen;
d. den Gegnern negative Werte und Attribute zuschreiben;
e. den Gegnern eigennützige Motive unterschieben.

Quae quo[1] usque tandem patiemini, o fortissumi viri? Nonne emori[2] per virtutem praestat quam vitam miseram atque inhonestam, ubi alienae[3] superbiae ludibrio fueris, per dedecus[4] amittere? Verum[5] enimvero, pro[6] deum[7] atque hominum fidem, victoria in manu nobis est: viget[8] aetas, animus valet; contra illis[9] annis atque divitiis omnia consenuerunt[10]. Tantummodo[11] incepto[12] opus est, cetera[13] res expediet[14]. Etenim[15] quis mortalium[16], quoi[17] virile ingenium est, tolerare potest illis divitias superare[18], quas profundant[19] in exstruendo[20] mari et montibus coaequandis[21], nobis rem familiarem etiam ad necessaria deesse? Illos[22] binas[23] aut amplius domos continuare[24], nobis larem[25] familiarem nusquam[26] ullam esse? Quom[27] tabulas[28], signa, toreumata emunt[29], nova diruunt[30], alia aedificant[31], postremo omnibus modis pecuniam trahunt[32], vexant, tamen summa libidine divitias suas vincere nequeunt[33]. "

(Fortsetzung auf Seite 44)

1 **quo usque tandem**: wie lange denn noch
2 **emorior 3**, emoreris, emori, emortuus sum: sterben
3 **alienae superbiae ludibrio esse**: dem Hochmut eines anderen als Spielzeug dienen
4 **dedecus**, dedecoris *n.*: Schande
5 **verum enimvero** (*Adv.*): wahrlich
6 **pro** (+ *Akk. des Ausrufs*): bei
7 **deum = deorum**
8 **vigeo 2**: stark sein, frisch sein
9 **illis**: *Dativ*
10 **consenesco 3**, consenui, –: schwach werden
11 **tantummodo**: nur
12 **inceptum**, -i *n.*: Vorhaben, Beginnen
13 **cetera**: *Neutrum Plural*
14 **expedio 4**: erledigen
15 **etenim**: denn
16 **mortalium = hominum**
17 **quoi = cui** (*Arch.*)
18 **supero 1**: *hier*: im Überfluss vorhanden sein
19 **profundo 3**: verschwenden
20 **exstruo 3**: verbauen
21 **coaequo 1**: einebnen
22 *AcI abhängig von*: **quis tolerare potest …**
23 **bini**, -ae, -a: (je) zwei
24 **continuo 1**: aneinander reihen
25 **lar familiaris** (*Gen.*: laris familiaris): Herd
26 **nusquam** (*Adv.*): nirgendwo
27 **quom = cum** (*Arch.*)
28 **tabula, signa, toreumata**: Gemälde, Statuen, Gefäße mit Reliefverzierung
29 **emo 3**: kaufen
30 **diruo 3**: niederreißen
31 **aedifico 1**: bauen
32 **trahunt, vexant**: *hier*: verschleudern und vergeuden
33 **nequeunt = non possunt**

Der Schwur der Catilinarier (Bartolomeo Pinelli, Buchillustration, 1818)

VOCABULARIUM

patior 3, pateris, pati, passus sum	ertragen; zulassen, dulden
nonne (*in Entscheidungsfragen*)	nicht
miser, misera miserum	armselig
inhonestus, -a, -um	unehrenhaft
opus est (+ *Abl.*)	etwas ist nötig
virilis, virile	männlich
res familiaris (*Gen.*: rei familiaris)	Familienvermögen
necessarius, -a, -um	notwendig
amplius (*Adv.*)	mehr
libido, libidinis *f.*	Begierde

ACTIVA ET CONTEMPLATIVA

- Mit welchen Tricks der Psychagogie (vgl. S. 29) arbeitet Catilina? Untersuche seine Rede anhand der auf der vorigen Doppelseite angeführten Mittel der Manipulation!
- Beachte besonders die positiv besetzten Wertbegriffe, die er für seine Partei in Anspruch nimmt. Wie interpretierst du die Tatsache, dass sie aus dem Mund eines Mannes kommen, der einen Staatsstreich plant?
- Catilinas Rede enthält eine berühmt gewordene Sentenz, die eine Definition von „Freundschaft" gibt. Wie lautet sie? Sammelt weitere lateinische Sentenzen, die gerne als Zitate in Reden eingebaut werden. Vielleicht könnt ihr damit einmal den Latein-Schaukasten in der Schule gestalten!
- An welcher Stelle lässt Sallust Catilina selbst ein Zitat verwenden? Wie lautet es, und woher stammt es?
- „Gesundung des Staates durch Revolution!" – Diskutiert diese These.

ARS RHETORICA – Kunst der Rede – RHETORIK

Rede und Vortrag (pronuntiatio/actio)

Demosthenes, einer der berühmtesten athenischen Redner, soll, als man ihn fragte, was beim Reden das Wichtigste sei, geantwortet haben: „Der Vortrag", und bei der Frage nach dem Zweit- und Drittwichtigsten wiederum: „Der Vortrag".
Modulation der Stimme, **Mimik** und **Gestik** müssen bewusst eingesetzt werden. Cicero verwendete besonders am Satzschluss bestimmte **Prosarhythmen** (Klauseln). Da er am Anfang seiner Karriere auf Grund einer falschen Sprechtechnik seine Stimme oft überanstrengte, nahm Cicero bei **Apollonios Molon** auf Rhodos Rhetorikunterricht. Die Ausbildung bezog sich auf das richtige **Atmen beim Sprechen** (Zwerchfellatmung) und das Exerzieren aller an der Tonbildung beteiligten Muskeln. Nur dadurch konnten schon antike Redner ohne Lautsprecheranlagen Riesenarenen mit ihren Stimmen „beherrschen".

At nobis est domi inopia[1], foris[2] aes[3] alienum, mala res[4], spes[5] multo asperior: denique quid reliqui[6] habemus praeter miseram animam?
Quin[7] igitur expergiscimini[8]? En[9] illa, illa, quam saepe optastis[10], libertas, praeterea divitiae, decus[11], gloria in[12] oculis sita sunt; fortuna omnia ea victoribus praemia[13] posuit. Res, tempus, pericula, egestas, belli[14] spolia magnifica magis quam oratio mea vos hortantur. Vel imperatore vel milite me utimini! Neque animus neque corpus a vobis aberit. Haec ipsa, ut spero, vobiscum una consul agam, nisi[15] forte me animus fallit[16] et vos servire[17] magis quam imperare parati estis. "

1 **inopia**, -ae *f.*: Armut, Not
2 **foris** (*Adv.*): außerhalb des Hauses
3 **aes alienum** (*Gen.*: aeris alieni): Schulden
4 **res**, rei *f.*: *hier*: gegenwärtige Lage
5 **spes asperior**: traurigere Zukunftsaussichten
6 **reliqui** (*Teilungsgenitiv*) **habere**: *hier*: übrig haben
7 **quin igitur**: warum also nicht
8 **expergiscor 3**, experrectus sum: aufwachen
9 **en**: siehe da
10 **optastis = optavistis**
11 **decus**, decoris *n.*: Ansehen
12 **in oculis sita sunt**: „liegen vor Augen"
13 **praemium ponere**: als Belohnung aussetzen
14 **belli spolia magnifica**: prächtige Kriegsbeute
15 **nisi forte**: es sei denn, dass
16 **fallo 3**, fefelli, –: täuschen
17 **servio 4**: dienen

Das Ende Catilinas in der Schlacht bei Pistoria, 62 v. Chr. (Alcide Segoni, „Die Auffindung von Catilinas Leichnam". Ölgemälde, 1874. Galleria d'Arte moderna, Florenz)

VOCABULARIUM

denique	schließlich	**absum**, abes, abesse, afui, –	entfernt sein
fortuna, -ae *f.*	Schicksal	**una** (*Adv.*)	gemeinsam
vel … vel	entweder … oder		

ACTIVA ET CONTEMPLATIVA

- Für den guten Vortrag ist ein Gespür für Melodie, Rhythmus und Dynamik nötig. Am besten lernt man das durch praktische Übung. Trage Catilinas Rede mit passender Mimik und Gestik vor!
- **Joseph Goebbels**, nationalsozialistischer Minister für „Volksaufklärung und Propaganda", hielt am 18. Februar 1943 – 16 Tage, nachdem die letzten deutschen Truppen in Stalingrad kapituliert hatten – im **Berliner Sportpalast** eine berühmt-berüchtigte Rede, in der er zum **„totalen Krieg"** aufrief. Gerade zu diesem Zeitpunkt, als immer mehr Zweifel an Hitlers Kriegsstrategie aufkamen, verwendete Goebbels die **Niederlage von Stalingrad** als Motivation für noch größere Opfer und verstärkte Anstrengungen. Die dialogisch aufgebaute und perfekt inszenierte Rede (Hakenkreuz, Lorbeerkranz, Reichsadler und darüber ein Spruchband: „Totaler Krieg – Kürzester Krieg") gipfelte in zehn Fragen an das „deutsche Volk", die durch die Zuhörer „stellvertretend" beantwortet wurden. So gelang es dem Sprecher, aus der durch die Krise gesteigerten Entschlossenheit des Volkes die natürlich irrationale, aber oberflächlich plausibel und scheinbar logisch wirkende Schlussfolgerung abzuleiten, dass diese Stärke im Unglück das Volk unbesiegbar mache.
- Mit welchen Mitteln versucht Goebbels seine Zuhörer auf den Weg des „totalen Krieges" einzuschwören? Gibt es Parallelen zu Catilina? Versuche eine rhetorische Analyse des folgenden Ausschnittes! (Durch eine Rundfunkaufnahme oder einen Filmausschnitt der „Sportpalast-Rede" erhältst du einen noch besseren Eindruck von Redner, Publikum und Atmosphäre!)

„Wenn ich nunmehr über die jüngste Vergangenheit hinaus den Blick wieder nach vorne lenke, so tue ich das mit voller Absicht. Die Stunde drängt. Sie lässt keine Zeit mehr offen für fruchtlose Debatten. Wir müssen handeln, und zwar unverzüglich, schnell und gründlich – so, wie es – [Heilrufe, Beifall], so, wie es seit jeher nationalsozialistische Art gewesen ist. Von ihrem Anfang an ist die Bewegung in den vielen Krisen, die sie durchzustehen und durchzukämpfen hatte, so verfahren. Und auch der national-sozialistische Staat hat sich, wenn eine Bedrohung vor ihm auftauchte, ihr mit entschlossener Willenskraft entgegen geworfen! Wir gleichen nicht dem Vogel Strauß, der den Kopf in den Sand steckt, um die Gefahr nicht zu sehen. Wir sind mutig genug, sie unmittelbar ins Auge zu nehmen, sie kühn und rücksichtslos abzumessen und ihr dann mit erhobenem Haupte und fester Entschlusskraft entgegen zu treten! [Heilrufe, Beifall.] Erst dann entwickeln wir als Bewegung und als Volk immer auch unsere höchsten Tugenden: nämlich einen wilden und entschlossenen Willen, die Gefahr zu brechen und zu bannen, eine Stärke des Charakters, die alle Hindernisse überwindet, zähe Verbissenheit in der Verfolgung des einmal erkannten Zieles und ein ehernes Herz, das gegen alle inneren und äußeren Anfechtungen gewappnet ist! [Bravo-Rufe, Beifall.]"

Ciceros Loblied auf die eigene Person

*Im Jahr 58 v. Chr. musste Cicero für ein Jahr in die **Verbannung**, da ihm im Zuge politischer Auseinandersetzungen sein hartes Vorgehen gegen die Catilinarier zum Vorwurf gemacht wurde. **Lucius Calpurnius Piso**, der Schwiegervater Caesars (Caesar hatte anstelle der Todesstrafe nur lebenslange Haft für die Verschwörer gefordert), war in jenem Jahr Konsul. Wenige Jahre später (55 v. Chr.) kam es im Senat zu einem **Rededuell** der beiden, bei dem Piso und Cicero, was gegenseitige Schmähungen betrifft, einander nichts schuldig blieben. Zu Beginn seiner Antwortrede auf Pisos Angriffe rückte Cicero seine **Leistungen während des Konsulats** ins rechte Licht:*

(4) Ego Kalendis Ianuariis[1] senatum et bonos omnes legis agrariae[2] metu liberavi (...). (5) Ego Lucium Catilinam caedem senatus, interitum urbis molientem[3] egredi ex urbe iussi, ut ab eo, a quo legibus non poteramus, moenibus tuti[4] esse possemus. Ego tela extremo mense consulatus[5] mei intenta[6] iugulis[7] civitatis de coniuratorum[8] nefariis manibus extorsi[9]. Ego faces[10] iam accensas[11] ad huius urbis incendium comprehendi[12], protuli[13], exstinxi[14]. (6) Me Quintus Catulus, princeps huius ordinis et auctor publici consilii, frequentissimo[15] senatu parentem patriae nominavit. Mihi hic vir clarissimus, qui propter[16] te sedet, L. Gellius, his audientibus civicam[17] coronam deberi a re publica dixit. Mihi togato[18] senatus (...) conservata re publica singulari[19] genere supplicationis[20] deorum immortalium templa patefecit[21]. (...) (7) Atque ita est a me consulatus[22] peractus, ut semper in rostris[23] curiam, in senatu populum defenderim, ut multitudinem cum principibus, equestrem[24] ordinem cum senatu coniunxerim.

[1] **Kalendis Ianuariis**: „am 1. Jänner"
[2] **lex agraria**, legis agrariae *f.*: Landverteilungsgesetz (*nach diesem Antrag des Volkstribuns Rullus, hinter dem in Wahrheit Caesar stand, sollte durch Enteignung Land an die städtische Plebs verteilt werden*)
[3] **molior 4**: *hier*: planen
[4] **tutus**, -a, -um: sicher
[5] **consulatus**, consulatus *m.*: Konsulat, Konsulamt
[6] **intentus**, -a, -um (+ *Dat.*): gerichtet (auf)
[7] **iugulum**, -i *n.*: Kehle
[8] **coniuratus**, -i *m.*: Verschwörer
[9] **extorqueo 2**, extorsi, -torsum: entwinden
[10] **fax**, facis *f.*: Fackel
[11] **accendo 3**, accendi, -censum: entzünden
[12] **comprehendo 3**, comprehendi, -prehensum: ergreifen
[13] **profero** -ferre, protuli, -latum: *hier*: wegbringen
[14] **exstinguo 3**, exstinxi, -stinctum: auslöschen
[15] **frequentissimo senatu**: vor sehr zahlreich besuchtem Senat, vor vollem Haus
[16] **propter** (+ *Akk.*): *hier*: neben
[17] **corona civica**: Bürgerkrone (*ein Eichenkranz, der einem römischen Bürger verliehen wurde, wenn er einem anderen im Kampf gegen den Feind das Leben gerettet hatte*)
[18] **togatus**, -a, -um: mit der Toga bekleidet (*d.h. als Zivilist*)
[19] **singularis**, singulare: einzigartig
[20] **supplicatio**, supplicationis *f.*: Dankfest
[21] **patefacio 3**, patefeci, -factum: öffnen
[22] **consulatum peragere**: das Konsulamt ausüben
[23] **rostra**, -orum *n.Pl.*: Rednertribüne (*d.h. bei einer Rede vor dem Volk auf dem Forum Romanum*)
[24] **ordo equester**: Ritterstand

VOCABULARIUM

interitus, interitus *m.*	Untergang	**clarus**, -a, -um	berühmt
extremus, -a, -um	äußerster; *hier*: letzter	**conservo 1**	(am Leben) erhalten
nefarius, -a, -um	verbrecherisch	**curia**, -ae *f.*	Kurie (*Gebäude des Senats*)
incendium, -i *n.*	Brand		
ordo, ordinis *m.*	Stand; *hier:* Versammlung	**coniungo 3**, coniunxi, -iunctum	verbinden

ACTIVA ET CONTEMPLATIVA

- Cicero setzt in seiner Selbstdarstellung auf die Wirkung zahlreicher rhetorischer Stilmittel (Anapher, Alliteration, Metapher …). Schreibe sie heraus und versuche, ihre Wirkung zu deuten!
- Hätte Cicero vielleicht auch andere Möglichkeiten gehabt, dem Senat die eigenen Verdienste (die diesem Gremium ja bekannt waren) vor Augen zu führen? Hältst du seine Vorgangsweise für geschickt?

ARS RHETORICA – Kunst der Rede – RHETORIK

Rhetorische Stilmittel (4): Wortwiederholungen

Wortwiederholungen sind nicht immer ein stilistischer Mangel. Bewusst eingesetzt, erzielt der Redner mit diesem Stilmittel beträchtliche Wirkung:

Anapher: Wortwiederholung am Beginn aufeinander folgender Sätze oder Satzglieder. Die Anapher wirkt durch die deutliche Hervorhebung des Wortes eindringlich und erleichtert das Verfolgen der Gedanken. Beispiel:
Ich bin auf die Welt gekommen. ***Ich*** bin geworden. ***Ich*** bin gezeugt worden.
Ich bin entstanden. ***Ich*** bin gewachsen … (*P. Handke, Selbstbezichtigung*)

Alliteration: gleicher (konsonantischer) Anlaut der Wörter. Die Alliteration macht die Zusammengehörigkeit der Wörter deutlich und erzeugt einen akustischen Effekt, z.B. **K**ind und **K**egel; **M**ars **m**acht **m**obil; **W**interstürme **w**ichen dem **W**onnemond (*Richard Wagner, Die Walküre*).

Polýptoton: Wiederholung desselben Wortes in verschiedenen Casus, z.B.: **Dies diem** docet. **Manus manum** lavat. **Homo homini** lupus.

Die Rednertribüne (rostra) *auf dem Forum Romanum (Rekonstruktion).*

Öffentliche Abrechnung mit dem verhassten Feind

Im weiteren Verlauf der Rede gegen Piso geht Cicero mit seinem Gegner hart ins Gericht:

Exposui breviter consulatum meum. (8) Aude nunc, o furia[1], de tuo dicere! (...) (9) Inspectante[2] et tacente te a fatali[3] portento prodigioque rei publicae lex Aelia[4] et Fufia eversa est (...). Ab eodem homine in stupris[5] inauditis nefariisque versato vetus illa magistra[6] pudoris[7] et modestiae[8], censura[9], sublata est, cum tu interim[10], bustum[11] rei publicae, qui te consulem tum Romae dicis fuisse, verbo numquam significaris[12] sententiam tuam tantis in naufragiis[13] civitatis.

(31) Tune etiam, immanissimum[14] ac foedissimum[15] monstrum, ausus es meum discessum[16], illum testem[17] sceleris et crudelitatis tuae, in maledicti[18] et contumeliae loco ponere? Quo quidem tempore cepi, patres conscripti, fructum[19] immortalem vestri in me et amoris et iudicii, qui non admurmuratione[20], sed voce et clamore abiecti[21] hominis ac semivivi[22] furorem petulantiamque[23] fregistis. (32) Tu luctum[24] senatus, tu desiderium[25] equestris[26] ordinis, tu squalorem[27] Italiae, tu curiae taciturnitatem[28] annuam, tu silentium perpetuum iudiciorum ac fori, tu cetera[29] illa in maledicti[18] loco pones, quae meus discessus rei publicae volnera inflixit[30]?

1 **furia**, -ae *f.*: Furie *(Rachegöttin, böser Dämon)*
2 **inspecto 1**: zuschauen
3 **fatale portentum et prodigium**: verhängnisvolles Scheusal und Ungeheuer *(gemeint ist der Volkstribun P. Clodius, Ciceros erbittertster Feind)*
4 **lex Aelia et Fufia**: *Gesetze, die es ermöglichten, Versammlungen zu unterbinden*
5 **stuprum**, -i *n.*: Unzucht
6 **magistra**, -ae *f.*: Lehrmeisterin
7 **pudor**, pudoris *m.*: *hier*: Ehrgefühl
8 **modestia**, -ae *f.*: *hier*: Anstand
9 **censura**, -ae *f.*: Zensoramt (*der Zensor prüfte u.a. den Lebenswandel der Senatoren und hatte das Recht, Unwürdige aus der Senatorenliste zu streichen*)
10 **interim**: mittlerweile
11 **bustum**, -i *n.*: Grab
12 **significo 1**: *hier*: zu erkennen geben (**significaris = significaveris**)
13 **naufragium**, -i *n.*: Schiffbruch
14 **immanis**, immane: entsetzlich
15 **foedus**, -a, -um: scheußlich
16 **discessus**, discessus *m.*: Weggang (*gemeint ist Ciceros Weggang ins Exil 58 v. Chr.*)
17 **testis**, testis *m.*: Zeuge
18 **in maledicti et contumeliae loco ponere**: als Stoff für Schmähung und Beleidigung verwenden
19 **fructus**, fructus *m.*: *hier*: Lohn
20 **admurmuratio**, admurmurationis *f.*: zustimmendes Gemurmel
21 **abiectus**, -a, -um: verworfen
22 **semivivus**, -a, -um: halbtot
23 **petulantia**, -ae *f.*: Unverschämtheit
24 **luctus**, luctus *m.*: Trauer
25 **desiderium**, -i *n.*: *hier*: Wunsch
26 **ordo equester**: Ritterstand
27 **squalor**, squaloris *m.*: Trauer, Elend
28 **taciturnitas annua** (*Gen*: taciturnitatis annuae): ein Jahr dauerndes Stillschweigen
29 **cetera illa**: *stelle dazu*: **volnera** (= **vulnera**); **vulnus**, vulneris *n.*: Wunde
30 **infligo 3**, inflixi, -flictum: zufügen

VOCABULARIUM

taceo 2, -ui, –	schweigen
everto 3, eversi, -versum	vernichten, untergraben
inauditus, -a, -um	unerhört
nefarius, -a, -um	verbrecherisch
versor 1 in (+ *Abl.*)	sich befassen (mit)
crudelitas, crudelitatis *f.*	Grausamkeit
quidem (*Adv.*)	jedenfalls
patres conscripti	„versammelte Senatoren"
furor, furoris *m.*	Wahnsinn
frango 3, fregi, fractum	brechen
perpetuus, -a, -um	dauernd

ACTIVA ET CONTEMPLATIVA

In Pisonem ist eine recht derbe Schmährede (*Invektive*), die als Fundgrube für lateinische Schimpfwörter gilt. Hier eine kleine Auswahl: *Untier*, *Furie*, *Dreck*, *Galgenstrick*, *Vieh*, *kastriertes Schwein*, *Laternenträger Catilinas*, *unflätiger Säufer*, *Tempelschänder*, *Geier der Provinz*, *Schmach der behosten Sippe*, *weggeworfenes Aas*, *Strafe* und *Furie der Untertanen* ...

Seine Ziele hat Cicero mit dieser Rede trotzdem nicht erreicht: Piso lebte als angesehener Mann weiter in Rom und wurde im Jahr 50 sogar zum *Censor* gewählt.

- Welche Funktion hat die Verwendung von Schimpfwörtern? Was sagt ihr Gebrauch über den aus, der sie verwendet?
- Vergleiche die Schimpfwörterverwendung heute mit Ciceros Zeit. Aus welchen Bereichen stammen die Ausdrücke?
- Was ist der Hauptvorwurf, den Cicero Piso macht?

Die in der **curia** (Senatsgebäude) versammelten Senatoren wurden bei ihren Sitzungen formelhaft mit **„patres conscripti"** angeredet. *„patres"* steht für die Senatoren aus den alten Patriziergeschlechtern, *„conscripti"* meint die aus den Plebejerfamilien stammenden Senatsmitglieder („Beigeordnete").

- Wie lauten die Anreden, die – vergleichbar mit „patres conscripti" im römischen Senat – Redner in unserem Parlament und in anderen Ländern heute verwenden?

ARS RHETORICA – Kunst der Rede – RHETORIK

Rhetorische Stilmittel (5)

Chiasmus: Kreuzstellung einander entsprechender Begriffe:

– Die ***Kunst*** ist <u>*lang*</u>, und <u>*kurz*</u> ist unser ***Leben*** (Goethe: Faust I)

Parallelismus: gleiche Abfolge einander entsprechender Wörter:

– Die ***Kunst*** ist <u>*lang*</u>, das ***Leben*** ist <u>*kurz*</u>.

Hendiadyóin („eins durch zwei", d. h. ein- und derselbe Inhalt wird durch 2 verschiedene Wörter ausgedrückt und dadurch **verstärkt**), z.B.: *bitten und betteln* (= **unablässig** bitten); *rogare atque orare* (= **inständig** bitten); auch in **Wortzusammensetzungen** wie *klammheimlich* (= **besonders** heimlich – aus *lat.* **clam** „heimlich" plus *dt.* **heimlich**)

Praeteritio: „Ich will ja gar nicht reden von …“

(32) Nunc mihi temporis[1] eius, quod mihi ad dicendum datur, quoniam in animo est causam omnem exponere, habenda ratio est diligenter. Itaque primum illum actum[2] istius vitae turpissimum et flagitiosissimum[3] praetermittam. Nihil a me de pueritiae[4] suae flagitiis audiet, nihil ex illa impura[5] adulescentia sua; quae qualis fuerit, aut meministis, aut ex eo, quem[6] sui simillimum produxit, recognoscere potestis. Omnia praeteribo, quae mihi turpia dictu[7] videbuntur, neque solum, quid istum audire, verum etiam, quid me deceat dicere, considerabo.

(33) Vos, quaeso, date hoc et concedite pudori[8] meo, ut aliquam partem de istius impudentia[9] reticere[10] possim. Omne illud tempus, quod fuit, antequam[11] iste ad magistratus remque publicam accessit, habeat per me solutum[12] ac liberum. Sileatur[13] de nocturnis eius bacchationibus[14] ac vigiliis[15]; lenonum[16], aleatorum[17], perductorum[18] nulla mentio[19] fiat; damna[20], dedecora[21], quae res[22] patris eius, aetas ipsius pertulit, praetereantur; lucretur[23] indicia veteris infamiae[24]; patiatur eius vita reliqua me hanc tantam iacturam[25] criminum facere.

1 *Verbinde*: **ratio … temporis**
2 **actus**, actus *m.*: Abschnitt
3 **flagitiosus**, -a, -um: schändlich
4 **pueritia**, -ae *f.*: Knabenzeit
5 **impura adulescentia** *f.*: schmutzige Jugend
6 **quem simillimum sui produxit**: „den er als sein genaues Ebenbild großzog“
7 **dictu**: „zu sagen“ (*Supinum auf* -u)
8 **pudor**, pudoris *m.*: Schamgefühl
9 **impudentia**, -ae *f.*: Schamlosigkeit
10 **reticeo 2**: verschweigen
11 **antequam**: bevor
12 **solutus**, -a, -um: *hier:* unberücksichtigt
13 **sileo 2**: schweigen
14 **bacchatio**, bacchationis *f.*: Orgie
15 **vigiliae**, -arum *f.Pl.*: *hier:* Zechtouren
16 **leno**, lenonis *m.*: Kuppler
17 **aleator**, aleatoris *m.*: Spieler
18 **perductor**, perductoris *m.*: Zuhälter
19 **mentio**, mentionis *f.*: Erwähnung
20 **damnum**, -i *n.*: Verlust
21 **dedecus**, dedecoris *n.*: Unehre
22 **res**, rei *f.*: *hier:* Vermögen
23 **lucretur indicia** (+ *Gen.*): „erspart bleiben sollen ihm Hinweise (auf)“
24 **infamia**, -ae *f.*: Schande
25 **iacturam** (+ *Gen.*) **facere**: verzichten (auf)

Römische Orgie.
Buchillustration von Norman Lindsay, 1922.

VOCABULARIUM

ratio, rationis *f.*	Planung
flagitium, -i *n.*	Schandtat
qualis, quale	wie
memini, meministi, meminisse *(+ Akk.)*	sich erinnern
recognosco 3, recognovi, -cognitum	wiedererkennen
solum *(Adv.)*	nur
quaeso	bitte
nocturnus, -a, -um	nächtlich
aetas, aetatis *f.*	Alter
perfero, -fers, -ferre, pertuli, -latum	aushalten
crimen, criminis *n.*	Anschuldigung

ACTIVA ET CONTEMPLATIVA

- Mit dem Kunstgriff der **praeteritio** (= eine Neugier erweckende Andeutung) untergräbt Cicero hier in raffinierter Weise das Bild von Charakter und Moral des Angeklagten. Er gibt vor, Dinge übergehen zu wollen, deutet aber zugleich genug an, um die Phantasie der Zuhörer zu beflügeln. Verfolge einmal während einer Fernsehdiskussion genau, ob und wie ein Teilnehmer eine *praeteritio* anwendet!
- An welchen sprachlichen Floskeln lässt sich eine *praeteritio* erkennen? Formuliere einige Möglichkeiten auf Deutsch!

Der Prozess gegen Verres
Im Jahre 70 v. Chr. übernahm Cicero als aufstrebender Anwalt erfolgreich die Anklage **de repetundis** *(Rückforderung geraubten Gutes) gegen den Provinzstatthalter* ***Gaius Verres****, einen Mann der Hocharistokratie, der vom damaligen Staranwalt* ***Hortensius*** *verteidigt wurde. Der Prozess, der großes Aufsehen erregte, bot Cicero die Gelegenheit, rhetorisch zu brillieren, Korruption aufzudecken und sich von herrschenden Missständen zu distanzieren.*

„Ein Mann wie der Prokonsul Verres brachte für sich durch Beute und Kauf eine mächtige Kunstsammlung zusammen. Als Sohn eines Patriziers ergriff er selbstverständlich die politische Karriere und wurde schließlich Gouverneur von Sizilien. Dort entging ihm dann nichts, was künstlerischen Wert hatte oder vermuten ließ. Rücksichtslos, gierig, brutal und mit einem vorzüglichen Blick für Kunstwerke riss er auch das Verborgenste an sich. Cicero hat in seinen berühmten Angriffsreden „Gegen Verres“ von diesem eine Entschädigung allein für die Räubereien in Sizilien in einer Höhe verlangt, die man heute auf etwa 120 Milliarden DM (= ca. 61 Milliarden Euro) schätzt. Seine Reden, die voller beleidigender und den Ruf des Angeschuldigten zerstörenden Formulierungen stecken, bieten zugleich eine lebendige Beschreibung des Palastes von Verres und seiner Einrichtung. Elfenbeinerne und goldene Türen aus dem Minerva-Tempel von Syrakus verschlossen das Haus; die Wandbehänge der Eingangshalle waren in den Palästen auf Malta und in Syrakus „beschlagnahmt“ worden; die kostbaren Möbel stammten aus der „Erbschaft“ einer schönen Kurtisane, und an den Vorhängen wie den Polsterbezügen der Sessel und Bänke hatten die vornehmsten Damen Siziliens drei Jahre gearbeitet.“ (*W. Treue, Kunstraub. Droste, Düsseldorf 1957, S. 14*)

Heute hast du dich selbst besiegt, Caesar!

Nachdem der ***Bürgerkrieg gegen Pompeius*** *zu seinen Gunsten entschieden war, betrieb* ***Caesar*** *eine Politik der Versöhnung: Einstige Gegner wie der ehemalige Konsul* ***Marcus Marcellus*** *wurden von ihm begnadigt. Aus diesem Anlass hielt Cicero eine* ***Dankrede****, die jedoch nicht bloß* ***Panegyrik*** *(Herrscherlob) ist, sondern versucht, Caesar zu Reformen zu ermutigen, um die Eintracht unter den Bürgern* ***(concordia omnium bonorum)*** *in der* ***libera res publica*** *wieder herzustellen.*

(11) Hunc tu diem tuis maximis et innumerabilibus gratulationibus[1] iure antepones[2]. Haec enim res unius est propria C. Caesaris. Ceterae duce te gestae[3], magnae illae quidem, sed tamen multo magnoque comitatu[4]. Huius autem rei tu idem[5] dux es et comes: Quae quidem tanta est, ut tropaeis[6] et monumentis tuis adlatura finem sit aetas. Nihil est enim opere[7] et manu factum, quod non aliquando conficiat et consumat vetustas.

(12) At haec tua iustitia[8] et lenitas[9] florescet[10] cottidie magis. Ita, quantum tuis operibus diuturnitas[11] detrahet[12], tantum adferet laudibus. Et ceteros quidem omnes victores bellorum civilium iam ante aequitate et misericordia viceras. Hodierno vero die te ipse vicisti. Vereor, ut[13] hoc, quod dicam, perinde[14] intellegi possit auditu[15], atque[16] ipse cogitans sentio[17]: Ipsam victoriam vicisse videris, cum ea, quae illa erat adepta, victis remisisti[18]. Nam cum ipsius victoriae condicione[19] omnes victi occidissemus[20], clementiae tuae iudicio conservati sumus. Recte[21] igitur unus invictus[22] es, a quo etiam ipsius victoriae condicio[19] visque devicta[23] est.

1 **gratulatio**, gratulationis *f.*: *hier*: Erfolg
2 **antepono 3**: vorziehen
3 **gestae <sunt>**: *ergänze als Subjekt:* **res**
4 **comitatus**, comitatus *m.*: *hier*: Unterstützung
5 **idem**: *hier*: zugleich
6 **tropaeum**, -i *n.*: Siegeszeichen
7 **opere et manu factum**: „mühevoll künstlerisch geschaffen“
8 **iustitia**, -ae *f.*: Gerechtigkeit
9 **lenitas**, lenitatis *f.*: Milde
10 **floresco 3**: aufblühen
11 **diuturnitas**, diuturnitatis *f.*: Zeitdauer
12 **detraho 3**: entziehen
13 **ut** (*nach Ausdrücken des Fürchtens*): dass … nicht
14 **perinde**: ebenso
15 **auditus**, auditus *m.*: das Hören
16 **atque** *hier:* wie
17 **sentio 4**: *hier*: meinen
18 **remitto 3**, remisi, -missum: zurückschicken
19 **condicio**, condicionis *f.*: *hier*: Gesetz
20 **óccido 3**, óccidi, – : zugrunde gehen
21 **recte**: mit Recht
22 **invictus**, -a, -um: unbesiegt
23 **devinco 3**, devici, -victum: völlig (be)siegen

Te ipse vicisti, Caesar!

VOCABULARIUM

innumerabilis, innumerabile	unzählig
proprius, -a, -um (+ *Gen. oder Dat.*)	typisch (für)
quidem (*Adv.*)	zwar; jedenfalls
vetustas, vetustatis *f.*	Alter
quantum	wie viel
aequitas, aequitatis *f.*	Gerechtigkeit
misericordia, -ae *f.*	Mitleid
hodiernus, -a, -um	heutig
intellego 3, intellexi, intellectum	erkennen; einsehen
clementia, -ae *f.*	Milde

ACTIVA ET CONTEMPLATIVA

- Was meint das *Parádoxon* vom „**Sieg über sich selbst**" eigentlich? Durch welche (sprichwörtlich gewordene) Eigenschaft Caesars wurde dieser Sieg erst möglich? Welche tiefere Wahrheit in Bezug auf sein politisches Handeln will Cicero Caesar damit mitteilen?
- Alliterationen, Wortspiele, Ellipsen und Paradoxa sind besonders in der Sprache der Medien und der Werbung sehr zahlreich. Achte einmal darauf und notiere möglichst viele Beispiele!

ARS RHETORICA – Kunst der Rede – RHETORIK

Rhetorische Stilmittel (6)

Eine zugleich auflockernde und eindringliche Wirkung kann der Redner durch ein Wortspiel (**Paronomasie**) mit ähnlich klingenden Worten erzielen:

Eile mit *Weile*! *Urbi* et *orbi*. Dum *spiro*, *spero*. Per *aspera* ad *astra*.

Ein Paradebeispiel von Ciceros Sprachkunst, in dem etliche gewitzte Raffinessen stecken, ist der hier auch inhaltlich zentrale Satz: *victoriam vicisse videris …*

Figura etymológica: das Spiel mit Wörtern gleichen Stammes: ein *Spiel spielen*.

Parádoxon: scheinbar widersprüchliche Behauptung, in der jedoch bei näherer Betrachtung eine tiefe Wahrheit steckt. Meister des Paradoxons waren die **Stoiker** (griechische Philosophenschule), die ihre Lehren mit Vorliebe in paradoxen Aussagen formulierten: Der „*Sieg über sich selbst*" ist bis heute sprichwörtlich.

Manchmal weicht der Redner vom schulmäßigen Satzbau ab, um gewisse Teile der Satzaussage zu betonen. Er stellt Wörter um oder lässt sogar welche aus:

Ellipse: Auslassung (von grammatikalisch notwendigen, aber inhaltlich entbehrlichen Satzteilen):

am Morgen _ Nebel (*Wetterbericht*); Stromausfall in Gymnasium: Unterricht _ im Dunkeln (*Schlagzeile*)

Hypérbaton (Traiectio): Sperrstellung, Trennung zusammengehöriger Wörter:

„*Mich*, Henker", ruft er, „*erwürget*" (Schiller, *Die Bürgschaft*)

Der Krieg ist überstanden: Was ist noch zu tun?

(31) Perfuncta[1] res publica est hoc misero[2] fatalique[3] bello. Vicit is, qui non fortuna inflammaret odium suum, sed bonitate[4] leniret[5] neque omnes, quibus iratus[6] esset, eosdem[7] etiam exsilio aut morte dignos iudicaret. Arma ab aliis posita[8], ab aliis erepta[9] sunt. Ingratus[10] est iniustusque[11] civis, qui armorum periculo liberatus animum tamen retinet armatum, ut etiam ille melior sit, qui in acie cecidit[12], qui in causa animam[13] profudit. Quae enim pertinacia[14] quibusdam, eadem aliis constantia[15] videri potest.

(32) Sed iam omnis fracta dissensio[16] est armis, exstincta[17] aequitate victoris: Restat[18], ut omnes unum velint, qui habent aliquid non[19] sapientiae modo, sed etiam sanitatis[20]. Nisi[21] te, C. Caesar, salvo et in ista sententia, qua cum antea tum hodie[22] maxime usus es, manente salvi esse non possumus. Quare omnes te, qui haec salva esse volumus, et hortamur et obsecramus[23], ut vitae, ut saluti tuae consulas[24], omnesque tibi, ut pro aliis etiam loquar, quod de me ipso sentio, quoniam subesse[25] aliquid putas, quod cavendum[26] sit, non modo[19] excubias[27] et custodias, sed etiam laterum[28] nostrorum oppositus[29] et corporum pollicemur.

[1] **perfungor 3**, perfunctus sum: überstehen
[2] **miser**, misera, miserum: unglücklich
[3] **fatalis**, fatale: verhängnisvoll
[4] **bonitas**, bonitatis *f.*: Güte
[5] **lenio 4**: besänftigen
[6] **iratus**, -a, -um: zornig
[7] **eosdem**: *hier*: „gleichzeitig“
[8] **pono 3**, posui, positum: *hier*: niederlegen
[9] **eripio 3**, eripui, -reptum: wegnehmen
[10] **ingratus**, -a, -um: undankbar
[11] **iniustus**, -a, -um: ungerecht
[12] **cado 3**, cecidi, – : fallen
[13] **animam profudit**: „das Leben hingab“, „starb“
[14] **pertinacia**, -ae *f.*: Starrsinn
[15] **constantia**, -ae *f.*: Standhaftigkeit
[16] **dissensio**, dissensionis *f.*: Streit
[17] **exstinguo 3**, exstinxi, -stinctum: auslöschen
[18] **resto 1**: übrig bleiben
[19] **non modo = non solum**
[20] **sanitas**, sanitatis *f.*: Besonnenheit
[21] **Nisi te, C. Caesar, salvo et in ista sententia … manente**: *Abl. abs.*! **Nisi … non**: „nur“
[22] **hodie**: heute
[23] **obsecro 1**: beschwören
[24] **consulo 3** (+ *Dat.*): sorgen (für)
[25] **subsum**, -es, -esse: bevorstehen
[26] **caveo 2**, cavi, cautum (+ *Akk.*): sich hüten (vor)
[27] **excubiae**, -arum *f. Pl.*: Wachtposten
[28] **latus**, lateris *n.*: *hier:* Körper
[29] **oppositus**, oppositus *m.*: Einsatz

VOCABULARIUM

fortuna, -ae *f.*	Glück	**frango 3**, fregi, fractum	brechen
inflammo 1	anzünden	**aequitas**, aequitatis *f.*	Gerechtigkeit
exsilium, -i *n.*	Verbannung	**salvus**, -a, -um	heil
retineo 2, retinui, -tentum	beibehalten		

ACTIVA ET CONTEMPLATIVA

- Franz Joseph Strauß (1915–1988), Ministerpräsident Bayerns: Ein später Nachfahre Ciceros? (zitiert nach: *Der Spiegel* vom 18.9.1989)

„Ich bin der geborene Anti-Rhetor: Erstens rede ich nie kurz, zweitens bilde ich lange Sätze, drittens verwende ich viele Fremdwörter und fremdsprachige Zitate. Aber alle drei Dinge zusammengenommen führen offensichtlich zu einer rhetorischen Wirkung, über die ich mich, was Größe und Ausdauer meines Publikums angeht, nie zu beklagen habe. Nach Meinung meiner Kritiker **rede ich deutsch, als ob ich versuchte, das Latein Ciceros auf Deutsch zu bieten**, nämlich lange, verschlungene Satzkonstruktionen, die am Schluss dann doch wider alle Erwartung aufgehen. Aufmerksamen Zuhörern stellt sich die Frage, ob ich das Satzende erreiche oder nicht – was für zusätzliche Spannung sorgt."

- Zum Vergleich eine von Ciceros kunstvollen Perioden (der letzte Satz von Kap. 32), wiederum mittels Einrückmethode *kolometrisch* aufgeschlüsselt (vgl. Seite 37). Identifiziere und markiere, nach dem Modell von Seite 36/37, das **Hauptsatz-Subjekt** und **-Prädikat** sowie Gliedsatz-Einleitungen und -Prädikat(e).

Quare omnes te,
    qui haec salva esse volumus,
et hortamur et obsecramus,
    ut vitae,
    ut saluti tuae consulas,
omnesque tibi,
    ut pro aliis etiam loquar,
        quod de me ipso sentio,
            quoniam subesse aliquid putas,
                quod cavendum sit,
non modo excubias et custodias,
sed etiam laterum nostrorum oppositus et corporum pollicemur.

Eine Schmähschrift gegen Cicero

*Die **Invectiva in Marcum Tullium Ciceronem** ist eine aggressive politische Kampfschrift (**Invektive**) aus dem Jahr 54 v. Chr. und wird meist **Sallust** zugeschrieben, der wie Cicero ein **homo novus** war, sich aber im Gegensatz zu diesem für **Caesar** und die **Popularen**[1] engagierte. Cicero erscheint in dieser Invektive als opportunistischer, selbstgefälliger Überläufer zur Nobilität[2]. Er wird nach allen Regeln der Kunst sowohl politisch als auch menschlich auf breiter Linie angegriffen:*

(I 1) Graviter et iniquo animo maledicta tua paterer, M. Tulli[3], si te scirem iudicio magis quam morbo animi petulantiā[4] istā uti. Sed cum in te neque modum neque modestiam ullam animadverto, respondebo tibi, ut, si[5] quam male dicendo voluptatem cepisti, eam male[6] audiendo amittas.

(I 2) Ubi querar[7], quos implorem, patres conscripti, diripi rem publicam atque audacissimo[8] cuique esse praedae? Apud populum Romanum? Qui ita largitionibus corruptus est, ut se ipse ac fortunas suas venales[9] habeat. An apud vos, patres conscripti? Quorum auctoritas turpissimo cuique et sceleratissimo ludibrio est. Ubiubi[10] M. Tullius leges, iudicia, rem publicam defendit atque in hoc ordine ita moderatur[11], quasi unus reliquus e familia viri clarissimi, Scipionis[12] Africani, ac non reperticius[13], accitus[14] ac paulo ante insitus[15] huic urbi civis. *(Fortsetzung auf Seite 57)*

1 *In dieser Zeit standen einander zwei politische Positionen gegenüber: Die der **Optimaten**, die keine Veränderung der Vorherrschaft der alten senatorischen Adelsgeschlechter wünschten, und jene der **Popularen**, die sich zur Durchsetzung ihrer machtpolitischen Ziele der Volksversammlung und Volkstribunen bedienten.*

2 *Nach den Ständekämpfen bestand die politische Führungsschicht in Rom aus einem begrenzten Kreis einflussreicher Familien, aus denen bereits Konsuln hervorgegangen waren. Diesen Amtsadel bezeichnet man als Nobilität. Wem es wie Cicero gelang, in diese exklusive Gruppe aufzusteigen, der wurde als* **homo novus** *bezeichnet.*

3 **Marce Tulli**: *Vokativ zu* Marcus Tullius

4 **petulantia**, -ae *f.*: Frechheit

5 **si <ali>quam voluptatem**

6 **male audiendo** (*Abl. instrumenti*): *in Antithese zu* **male dicere** *bedeutet* **male audire** *soviel wie*: „sich Schmähungen anhören müssen“

7 **querar** *(Coniunctivus dubitativus) + AcI*: „soll ich mich beklagen, dass … “

8 **audacissimus quisque**: gerade die Unverschämtesten

9 **venales habere**: zum Verkauf anbieten

10 **ubiubi**: überall

11 **moderor 1**: *hier*: schalten und walten

12 **Scipionis Africani <esset>.** *Scipio Africanus, der Sieger über Karthago, war ein leuchtendes Vorbild altrömischer Tugenden.*

13 **reperticius**, -a, -um: hergelaufen

14 **accitus**, -a, -um: hergeholt

15 **insitus**, -a, -um: eingepflanzt

P. Cornelius Scipio Africanus (römisches Münzbild, 1 Jhdt. v. Chr.)

(III 1) Atque haec[1] cum ita sint, tamen se Cicero dicit in concilio deorum immortalium fuisse, inde missum[2] huic urbi civibusque custodem – absque[3] carnificis nomine, qui civitatis incommodum in gloriam suam ponit[4]. Quasi[5] vero non illius coniurationis causa fuerit consulatus tuus et idcirco res publica disiecta eo tempore, quo te custodem habebat. (…)

(IV 2) Verum[6], ut opinor, homo[7] novus Arpinas, ex C. Marii[8] familia, illius virtutem imitatur, contemnit simultatem[9] hominum nobilium, rem publicam caram habet, neque terrore neque gratia removetur a vero, amicitia[10] tantum ac virtus est animi.

(V 1) Immo[11] vero homo levissimus[12], supplex inimicis, amicis contumeliosus[13], modo[14] harum, modo illarum partium, fidus nemini, levissimus[12] senator, mercennarius[15] patronus, cuius nulla pars corporis a turpitudine vacat, lingua vana[16], manus rapacissimae, gula[17] immensa, pedes fugaces[18]: quae honeste nominari non possunt, inhonestissima[19]. Atque is, cum eius modi sit, tamen audet dicere: *(Fortsetzung auf Seite 58)*

1 **haec cum ita sint**: obwohl das so ist
2 **missum <esse>**
3 **absque carnificis nomine**: „und nicht als Henkersknecht"
4 **ponere in** (+ *Akk.*): *hier*: verbuchen (als)
5 **quasi vero**: gerade als ob
6 **verum** (*Adv.*): aber
7 **homo novus Arpinas**: „der Emporkömmling aus Arpinum"
8 **ex C. Marii familia**: *Auch der berühmte Gaius Marius stammte aus Arpinum. Cicero war weitschichtig mit ihm verwandt.*
9 **simultas**, simultatis *f.*: Feindschaft
10 **amicitia tantum est**: „er ist der Inbegriff von Freundschaft" (*ironisch!*)
11 **immo vero <est>:** nein, im Gegenteil, er ist … (*nach der Ironie folgen nun direkte Vorwürfe*)
12 **levis**, leve: *hier*: leichtsinnig, gesinnungslos
13 **contumeliosus**, -a, -um: *hier*: schmähsüchtig
14 **modo harum, modo illarum partium** (*Gen. qualitatis*): bald auf dieser, bald auf jener Seite
15 **mercennarius**, -a, -um: käuflich
16 **vanus**, -a, -um: *hier*: lügnerisch
17 **gula**, -ae *f.*: Gurgel, Kehle
18 **fugax** (*Gen.*: fugacis): fluchtbereit
19 **inhonestissima <sunt>**

Das Bergstädtchen Arpino (Arpinum) *in der Region Lazio* (Latium), *der Geburtsort Ciceros.*

„O fortunatam[1] natam me consule Romam!" Te consule fortunatam, Cicero? Immo vero infelicem et miseram, quae crudelissimam proscriptionem eam[2] perpessa[3] est, cum tu perturbata re publica metu[4] perculsos omnes bonos parere crudelitati tuae cogebas, cum omnia iudicia, omnes leges in tua libidine[5] erant, cum tu sublata lege[6] Porcia, erepta libertate omnium nostrum vitae necisque potestatem ad[7] te unum revocaveras.

(VI 1) Atque parum[8] quod impune fecisti, verum etiam commemorando exprobras[9] neque licet oblivisci his[10] servitutis suae. Egeris[11], oro te, Cicero, profeceris quidlibet, satis est perpessos[12] esse: Etiamne aures nostras odio tuo onerabis, etiamne molestissimis verbis insectabere[13]? „Cedant[14] arma togae, concedat laurea linguae." Quasi[15] vero togatus et non armatus ea, quae gloriaris[16], confeceris, atque inter te Sullamque dictatorem praeter nomen imperii quicquam[17] interfuerit.

(VII 1) Sed quid ego plura de tua insolentia commemorem? Quem Minerva omnes artes edocuit, Iuppiter Optimus Maximus in concilio deorum admisit, Italia exulem humeris[18] suis reportavit. Oro te, Romule[19] Arpinas, qui egregia tua virtute omnis[20] Paulos, Fabios, Scipiones superasti[21], quem tandem locum in hac civitate obtines?

(Fortsetzung auf Seite 59)

1 **O fortunatam … Romam** (*Akkusativ des Ausrufs*): O glückliches Rom…! (*Zitat aus Ciceros Gedicht „De consulatu suo", in welchem dieser seine Verdienste als Konsul herausstellte*)
2 *ordne*: **eam crudelissimam proscriptionem** (*gemeint ist: während Ciceros Konsulat und der Verschwörung Catilinas*)
3 **perpetior 3**, perpessus sum: erleiden
4 **metu perculsus**, -a, -um: von Furcht bestürzt
5 **libido**, libidinis *f.*: *hier*: Willkür
6 *Die* **lex Porcia** *verbot die Tötung römischer Bürger ohne Zustimmung der Volksversammlung.*
7 **ad te unum revocare**: auf dich allein übertragen
8 **parum quod impune fecisti**: nicht genug, dass du ohne Strafe gehandelt hast
9 **exprobro 1**: vorhalten
10 **his**: *übersetze* „uns" (*gemeint sind alle Römer, mit denen sich der Verfasser solidarisiert*)
11 **egeris … profeceris quidlibet** (*Konjunktiv Perfekt mit konzessivem Sinn*): „Magst du etwas getan, magst du etwas erreicht haben"
12 *ergänze*: **nos**; **perpetior**: siehe Anm. 3!
13 **insectabere = insectaberis**; **insector 1**: *hier*: verhöhnen
14 *Parodie auf einen Vers aus Ciceros Gedicht „De consulatu suo", in dem dieser seine Leistung als Konsul über den Kriegsruhm* (**arma**, **laurea**) *stellte, indem er dichtete*: **Cedant arma togae, concedat laurea laudi (!)**: „Weichen sollen die Waffen der Toga, der Lorbeer dem Bürgerruhm."
15 **quasi vero**: gerade als ob
16 **glorior 1** (+ *Akk.*): stolz sein (auf)
17 **quicquam interest**: es besteht irgendein Unterschied
18 **(h)umerus**, -i *m.*: Schulter
19 **Romulus Arpinas**: „Romulus aus Arpinum"
20 **omnis (= omnes) Paulos, Fabios, Scipiones**: *übersetze*: „alle verdienten Männer wie Paulus, Fabius und Scipio" (*berühmte Adelsgeschlechter*)
21 **superasti = superavisti**

Quae tibi partes rei publicae placent? Quem amicum, quem inimicum habes? Cui in civitate insidias fecisti, ancillaris[1]. Cuius ope de exsilio tuo Dyrrhachio[2] redisti, eum insequeris. Quos tyrannos appellabas, eorum potentiae faves[3]. Qui tibi ante[4] optimates videbantur, eosdem dementes ac furiosos vocas. Vatini[5] causam agis, de Sestio[6] male existimas. Bibulum[7] petulantissimis verbis laedis, laudas Caesarem. Quem maxime odisti, ei maxime obsequeris[8]. Aliud stans, aliud sedens sentis de re publica. His male dicis, illos odisti, levissime transfuga[9], neque in hac neque in illa parte fidem habens[10].

1 **ancillor 1**: sklavisch dienen
2 **Dyrrhachium**: *Hafenstadt an der Ostküste der Adria, Exilort Ciceros (heute: Durrës in Albanien)*
3 **faveo 2**, favi, fautum (+ *Dat.*): huldigen
4 **ante** = **antea**: früher
5 **Vatini causam agis**: „du verteidigst Vatinius" (*aus Gefälligkeit gegenüber Caesar, obwohl Vatinius im Sestius-Prozess als Zeuge von Ciceros Gegenpartei aufgetreten war*)
6 **de Sestio male existimas**: „über Sestius urteilst du abschätzig" (*obwohl Cicero den Anhänger des Pompeius früher in einem Prozess verteidigt hatte*)
7 **Bibulus**: *Marcus Calpurnius Bibulus war Kollege Caesars als Aedil (65), Praetor (62) und Konsul (59 v. Chr.). Er leistete dessen Bestreben, allein zu regieren, erbitterten Widerstand und unterstützte umgekehrt Pompeius, war als Politiker jedoch seinem großen Gegner Caesar weit unterlegen.*
8 **obsequor 3**: folgen, gehorchen
9 **transfuga**, -ae *m.*: Überläufer
10 **fidem habere**: glaubwürdig sein

ACTIVA ET CONTEMPLATIVA

In der antiken Gattung der Invektive war es üblich, den Gegner nach gewissen *Topoi* (Denkschemata, „Gemeinplätze", vgl. S. 17) zu verunglimpfen. Dazu gehörten z.B.: Vater und Sohn sind nicht-römischer Herkunft, vielerlei sexuelle Vorwürfe, Feigheit vor dem Feind, finanzieller Ruin etc.

- Welche Vorwürfe werden gegen Cicero erhoben? Welche gehen wohl auf *Topoi* zurück, welche sind individuell auf Ciceros Charakter zugeschnitten?
- Überlege, welche Topoi in politischen Auseinandersetzungen heute ein Rolle spielen!
- Bei der Lektüre der Reden gegen Catilina und gegen Piso sowie der Invektive gegen Cicero hast du seine Persönlichkeit von verschiedenen Seiten her kennen gelernt. Welches Bild von seinem Charakter hast du gewonnen?

Cicero (römische Porträtbüste, um 50 v. Chr.)

Wahlkampftipps aus dem alten Rom

Als Cicero im Jahr 64 v. Chr. seine ***Bewerbung für das Konsulat*** *des folgenden Jahres vorbereitet, widmet ihm sein jüngerer Bruder* ***Quintus*** *ein Handbuch, in dem er durchaus aktuelle Ratschläge für den Wahlkampf gibt: Wichtig sei der Aufbau von Freundschaftsnetzwerken; ebenso wichtig sei es, zu jeder Gelegenheit das richtige Gesicht aufzusetzen …*

(5) Sunt instituendi cuiusque generis amici: ad speciem[1], homines inlustres honore ac nomine (qui, etiam si suffragandi[2] studia non navant[3], tamen adferunt petitori[4] aliquid dignitatis); ad ius obtinendum, magistratus (ex quibus maxime consules, deinde tribuni plebis); ad conficiendas[5] centurias, homines excellenti gratia. (…)

(11) Quoniam de amicitiis constituendis satis dictum est, dicendum est de illa altera parte petitionis[6], quae in populari ratione versatur[7]. Ea desiderat nomenclationem[8], blanditiam, adsiduitatem[9], benignitatem, rumorem[10], speciem[1] in re publica. Primum id, quod facis, ut homines noris[11], significa[12], ut appareat, et auge, ut cottidie melius fiat! Nihil mihi tam populare neque tam gratum videtur.

Deinde id, quod naturā non habes, induc[13] in animum ita simulandum[14] esse, ut naturā facere videare[15]; nam comitas[16] tibi non deest ea, quae bono ac suavi[17] homine digna est, sed opus[18] est magno opere blanditia, quae, etiam si vitiosa[19] est et turpis in cetera vita, tamen in petitione[6] necessaria est; etenim cum deteriorem aliquem adsentando[20] facit, tum improba est; cum amiciorem[21], non tam vituperanda, petitori[4] vero necessaria est, cuius et frons[22] et vultus et sermo ad eorum, quoscumque convenerit, sensum et voluntatem commutandus et accommodandus est.

1 **species**, -ei *f.*: Ansehen
2 **suffragor 1**: seine Stimme abgeben
3 **navare studium** (+ *Gen.*): jemandem beistehen (bei)
4 **petitor**, petitoris *m.*: Amtsbewerber
5 **conficere centuriam**: die Stimme einer Zenturie verschaffen (*Innerhalb der Volksversammlung waren die römischen Bürger gemäß ihrem Vermögen in 193 Stimmklassen, so genannte Zenturien, eingeteilt.*)
6 **petitio**, petitionis *f.*: Wahlkampf, Amtsbewerbung
7 **in populari ratione versari**: auf der Volksgunst beruhen
8 **nomenclatio**, -onis *f.*: Namenkenntnis
9 **adsiduitas**, adsiduitatis *f.*: Beharrlichkeit
10 **rumor**, rumoris *m.*: *hier*: das „Von-sich-reden-Machen"
11 **noris = noveris**: du kennst (*präs. Perf.*)
12 **significa, ut appareat**: „stelle deutlich zur Schau"
13 **induc in animum** (+ *AcI*): gewöhne dich an den Gedanken, dass …
14 **simulo 1**: vortäuschen
15 **videare = videaris**
16 **comitas**, comitatis *f.*: Freundlichkeit
17 **suavis**, suave: *hier*: angenehm, sympathisch
18 **opus est magno opere** (+ *Abl.*): es ist unbedingt nötig
19 **vitiosa est**: „ein Fehler ist"
20 **adsentor 1**: (gewohnheitsmäßig) beistimmen
21 **cum amiciorem <facit>**: „wenn sie mehr Sympathie erzeugt"
22 **frons et vultus**: Gesichtsausdruck und Miene

Jedem recht getan? Eine Kunst, die ein Politiker kann!

(11) (...) Curaque, ut aditus ad te diurni[1] nocturnique pateant, neque solum foribus[2] aedium tuarum sed etiam vultu ac fronte, quae est animi ianua; quae si significat voluntatem[3] abditam esse ac retrusam, parvi[4] refert patere ostium. Homines enim non modo promitti sibi, praesertim quod a candidato petant, sed etiam large[5] atque honorifice promitti volunt. Qua re hoc quidem facile praeceptum[6] est, ut, quod facturus sis, id significes te studiose[7] ac libenter esse facturum; illud difficilius[8] et magis ad tempus quam ad naturam accommodatum[9] tuam, quod[10] facere non possis, ut id aut iucunde neges aut etiam non neges; quorum alterum est[11] tamen boni viri, alterum boni petitoris[11]. Nam cum id petitur, quod honeste aut sine detrimento[12] nostro promittere non possumus, quo[13] modo si qui roget, ut contra amicum aliquem causam recipiamus, belle[14] negandum est, ut[15] ostendas necessitudinem, demonstres quam moleste[16] feras, aliis[17] te id rebus exsarturum esse persuadeas.

1 **diurnus**, -a, -um: *hier*: bei Tag
2 **fores aedium** *Pl.*: (*zweiflügelige*) Haustür
3 **voluntatem abditam esse ac retrusam**: „dass du es an Wohlwollen mangeln lässt“
4 **parvi refert** (+ *AcI*): es macht wenig Unterschied, dass ...
5 **large atque honorifice**: großzügig und ehrenvoll
6 **praecipio 3**, praecepi, -ceptum: *hier*: raten
7 **studiose ac libenter**: engagiert und gerne
8 *ergänze*: **praeceptum est**
9 **accomodatus**, -a, -um (**ad** + *Akk.*): entsprechend
10 *ordne*: **ut id, quod facere non possis, aut iucunde neges aut ...**
11 **est** (+ *Gen. poss.*): ist die Art eines ...; **petitor**, petitoris *m.*: Amtsbewerber
12 **detrimentum**, -i *n.*: Nachteil
13 **quo modo si**: wie wenn zum Beispiel
14 **belle** (*Adv.*): auf liebenswürdige Weise
15 **ut ostendas necessitudinem**: „dass du zeigst, wie dir die Hände gebunden sind“
16 **moleste fero**: es fällt mir schwer
17 **aliis te id rebus exsarturum esse**: „dass du es bei nächster Gelegenheit wieder gut machen wirst“

„... et frons et vultus et sermo ad eorum, quoscumque convenerit, sensum et voluntatem commutandus et accomodandus est.“

Wahlversprechen – und ihre Erfüllung …

(12) (…) Homines fronte[1] et oratione magis quam ipso beneficio rei capiuntur, omnesque hoc animo sunt, ut sibi te mentiri malint quam negare.

C. Cotta, in ambitione[2] artifex, **dicere solebat**
se operam[3] suam,
quod[4] non contra officium *rogaretur*,
polliceri solere omnibus,
impertire[5] iis,
apud quos optime poni *arbitraretur*;
ideo se (operam[3] suam) nemini negare,
quod saepe *accideret*[6] causa,
cur is,
cui pollicitus esset,
non *uteretur*,
saepe[7] *ut* ipse magis[8] *esset* vacuus quam *putasset*[9];
neque posse eius domum compleri,
qui tantum modo *reciperet*, quantum *videret* se obire[10] posse.

Schmutzige Tricks im Wahlkampf

(13) (…) Postremo tota petitio cura[11], ut pompae[12] plena sit, ut inlustris[13], ut splendida[14], ut popularis sit, ut habeat summam speciem[15] ac dignitatem, ut etiam, si qua possit ratione, competitoribus tuis exsistat[16] aut sceleris aut libidinis[17] aut largitionis[18] accommodata[19] ad eorum mores infamia.

1 **fronte et oratione**: *hier*: „durch liebenswürdige Gesten und Worte“
2 **ambitio**, ambitionis *f.*: Popularitätshascherei
3 **opera**, -ae *f.*: Hilfe, Unterstützung
4 **quod**: *hier*: sofern
5 **impertio 4**: zukommen lassen
6 **accideret causa**: „ein Umstand eintrete“
7 *ergänze*: „der Umstand eintrete“
8 **magis esset vacuus**: „mehr Handlungsspielraum habe“
9 **putasset = putavisset**
10 **obeo** , -is, -ire: *hier*: einhalten, erfüllen
11 *Ordne*: **cura, ut tota petitio pompae plena sit**
12 **pompa**, -ae *f.*: Prunk, Aufzug
13 **illustris**, illustre: *hier*: großartig
14 **splendidus**, -a, -um: glanzvoll
15 **species**, speciei *f.*: Ansehen
16 **exsistit infamia**: übles Gerede kommt auf
17 **libido**, libidinis *f.*: *hier*: Liebesaffäre
18 **largitio**, largitionis *f.*: Bestechung, Wahlbetrug
19 **accommodatus**, -a, -um (**ad** + *Akk.*): entsprechend

Auf Wahlkampftour

*Nichts schmeichelt einem Menschen mehr, als wenn er von einer allseits bekannten Person mit seinem Namen begrüßt wird. Bei ihren Quartierbegehungen und der Sympathiewerbung um die Gunst der Menge auf dem Forum bedienten sich die Kandidaten im antiken Rom daher der Hilfe eines so genannten „**Nomenklators**" („Namennenners"). Das war ein Sklave, der (fast) ganz Rom kannte und seinem Herrn den Namen des jeweiligen Gegenübers einflüsterte. In seiner Rede „**Pro Murena**", der der unerlaubten Wählerbeeinflussung (**ambitus**) angeklagt war, wirft Cicero einem der Ankläger, dem **jüngeren Cato**, mit augenzwinkernder Ironie diesen allgemein üblichen Brauch vor:*

Quid[1], quod habes nomenclatorem? In eo quidem fallis et decipis. Nam, si nomine appellari abs te cives tuos honestum est, turpe est eos notiores esse servo tuo quam tibi. Sin iam noris[2]: tamenne per monitorem appellandi sunt, cum petis[3], quasi incertus sis? Quid[1], quod, cum admoneris, tamen, quasi tute[4] noris[2], ita salutas? Quid, postea quam es designatus, multo salutas neglegentius? (...)

1 **quid, quod** ...: was bedeutet es, dass
2 **noris = noveris**
3 **cum petis**: „im Wahlkampf"
4 **tute** = (*verstärktes*) **tu**

ACTIVA ET CONTEMPLATIVA

- Würdest du einem Kandidaten, wie ihn Quintus Cicero in seiner Wahlkampffibel skizziert, deine Stimme geben?
- Welche Ratschläge scheinen dir auch für moderne Politiker aktuell bzw. werden von ihnen umgesetzt?
- Diskutiert die im Text getroffene Unterscheidung *bonus vir – bonus petitor*! Welche kritischen Fragen müssten wir Wähler uns als Konsequenz daraus stellen?
- „Wir grüßen mit fremdem Gedächtnis" spottete Plinius der Ältere bezüglich der Nomenklatoren, der „wandelnden Wählerverzeichnisse". Welche Mittel verwenden Politiker heute, um einen Sympathie-Bonus bei ihren Wählern zu gewinnen?

„Petitio desiderat blanditiam, rumorem, speciem in re publica"

Das rhetorische Erbe

Christliche Predigt, heidnische Rhetorik?

***Augustinus** vertritt im folgenden Text die These, dass Rhetorik als mächtiges Mittel in den Dienst der Wahrheit, d.h. der göttlichen Offenbarung, gestellt werden muss. Sie darf niemals Selbstzweck sein. Diejenigen, die für die Wahrheit eintreten (ISTI), dürfen den mit allen Mitteln der Überredungskunst bestens vertrauten Verfechtern der Lüge (ILLI) nicht wehrlos gegenüber stehen (Beginn des Textes in kolometrischer Gliederung, vgl. Seite 37):*

Nam *cum* per artem rhetoricam et vera *suadeantur*[1] et falsa:
quis audeat dicere
adversus[2] mendacium in defensoribus suis
inermem[3] debere consistere[4] veritatem,
ut videlicet[5] ILLI,
qui res falsas persuadere *conantur*,
noverint[6] auditorem vel benevolum[7]
vel intentum[8]
vel docilem[9] prooemio[10] facere,
(*ut*) ISTI autem *non noverint*?
(*Ut*) ILLI falsa breviter, aperte,
verisimiliter[11]
et (*ut*) ISTI vera sic *narrent*,
ut audire *taedeat*[12],
intellegere *non pateat*,
credere postremo *non libeat*[13]?
(*Ut*) ILLI fallacibus[14] argumentis
veritatem *oppugnent*[15], *asserant*[16] falsitatem,
(*ut*) ISTI nec vera defendere nec falsa *valeant* refutare[17]?
(*Ut*) ILLI animos audientium in errorem moventes
impellentesque[18]
dicendo *terreant*[19], *contristent*[20], *exhilarent*[21], *exhortentur*[22]
ardenter,
(*ut*) ISTI pro veritate lenti[23] frigidique[24] *dormitent*[25]?

Sandro Botticelli, Der hl. Augustinus. (Fresko, um 1480. Kirche Ognissanti, Florenz)

Quis ita **desipiat**[26], *ut* hoc *sapiat*[27]? *Cum* ergo[28] *sit* in medio *posita* facultas[29] eloquii, *quae* ad persuadenda seu[30] prava[31] seu recta *valet* plurimum: cur non BONORUM studio **comparatur**[32], *ut militet*[33] veritati, *si* eam MALI ad obtinendas[34] perversas vanasque causas in usus iniquitatis et erroris *usurpant*[35]?

VOCABULARIUM

mendacium, -i *n.*	Lüge	**falsitas**, falsitatis *f.*	Falschheit, Unrichtigkeit
apertus, -a, -um	offen		
pateo 2, -ui, –	offen stehen; *hier*: klar sein	**error**, erroris *m.*	Irrtum
		vanus, -a, -um	nichtig
valeo 2, -ui, –	vermögen	**iniquitas**, iniquitatis *f.*	Unrecht, Sünde

Augustinus und die antike Rhetorik

Seit der Spätantike war die Predigt (**sermo**) *jene Redegattung* (**genus**), *in der die antike Rhetorik neue Wirkungskraft entfaltete. Doch im Christentum gab es zunächst großes Misstrauen und Vorbehalte gegen ihre heidnische Tradition, gemäß der ambivalenten Einschätzung: „verlockende Form – unwahre Inhalte". Manche zogen daher den* **sermo piscatorius** *(„Fischersprache") vor, d.h. die schlichte Sprache der Evangelisten, die Glaubenswahrheiten mitteilt. Es ist das große Verdienst des* **Augustinus**, *der selbst vor seiner Bekehrung bis 386 als Professor Rhetorik gelehrt hatte, antike Redekunst und christliche Predigtlehre zu einer neuen Symbiose zusammengeführt zu haben. Er tut dies, indem er auf die* ***ciceronische Formel*** *von der Verbindung von* **sapientia** *und* **eloquentia** *zurückgreift und sie verwandelt: Bedeutet* **sapientia** *für Cicero* ***Philosophie***, *so versteht Augustinus darunter die* ***göttliche Offenbarung***.

ACTIVA ET CONTEMPLATIVA

- Welche rhetorischen Stilmittel setzt Augustinus ein? Welche Funktion erfüllen sie?
- Augustinus nimmt in diesem Text ganz bewusst Bezug auf das bei Cicero dargestellte System der Rhetorik. Zeige das am Beispiel der *partes orationis* (vgl. Seite 11): Wo ist von den Funktionen des *exordium*, der *narratio*, der *argumentatio* und der *peroratio* die Rede? Stelle sie in einer übersichtlichen Tabelle zusammen!

1 **suadeo 2**, suasi, suasum: raten
2 **adversus** (*Präp.* + *Akk.*): gegen
3 **inermis**, inerme: unbewaffnet
4 **consisto 3**, constiti, –: *hier*: (vor Gericht) auftreten
5 **videlicet**: nämlich
6 **novi**, novisti, novisse *präs. Perf.* (+ *Inf.*): es verstehen, zu …
7 **benevolus**, -a, -um: wohlwollend, gewogen
8 **intentus**, -a, -um: aufmerksam
9 **docilis**, docile: gelehrig
10 **prooemium**, -i *n.*: Einleitung
11 **verisimilis**, verisimile: wahrscheinlich, plausibel
12 **taedet**, -ere: es verdrießt
13 **libet**, -ere: es beliebt
14 **fallax** (*Gen.*: fallacis): trügerisch
15 **oppugno 1**: bekämpfen
16 **assero 3**: behaupten
17 **refuto 1**: widerlegen
18 **impellere in** (+ *Akk.*): treiben (in)
19 **terreo 2**: in Schrecken versetzen
20 **contristo 1**: betrüben
21 **exhilaro 1**: aufheitern
22 **ardenter exhortari**: leidenschaftlich anfeuern
23 **lentus**, -a, -um: träge
24 **frigidus**, -a, -um: kühl
25 **dormito 1**: einschläfern
26 **desipio 3**: töricht sein
27 **sapio 3**: verstehen
28 **ergo**: also
29 **facultas eloquii**: die Kunst der Beredsamkeit
30 **seu … seu**: entweder … oder
31 **pravus**, -a, -um: verkehrt; schlecht
32 **comparo 1**: *passiv*: sich rüsten
33 **milito 1** (+ *Dat.*): kämpfen (für)
34 **causam obtinere**: einen (Gerichts-)Fall gewinnen
35 **usurpare in usus** (+ *Gen.*): in Anspruch nehmen (für)

Wie soll man predigen?

*Im **Hochmittelalter** gewinnt die Predigt mit dem Auftreten der **Bettelorden** (v.a. Franziskaner, Dominikaner) erheblich an Bedeutung. Der folgende Ausschnitt aus einem **Predigthandbuch** des 12. Jhdt.s ruft zunächst mahnend in Erinnerung, worauf es beim Predigen ankommt:*

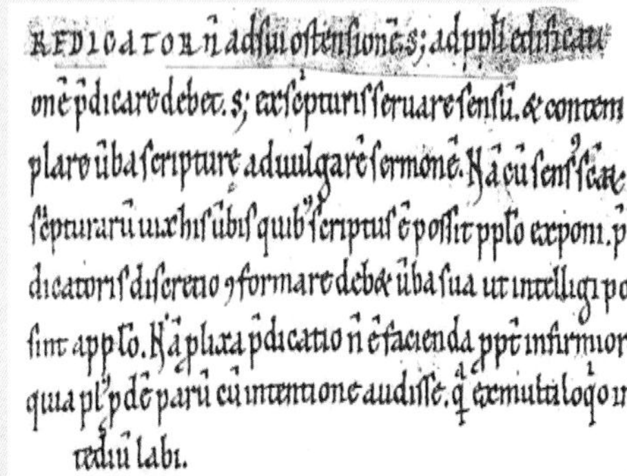

Praedicator non ad sui ostensionem[1], sed ad populi aedificationem[2] praedicare debet et ex scripturis servare sensum et contemperare[3] verba scripturae ad vulgarem[4] sermonem. Nam cum sensus sanctarum scripturarum vix his verbis, quibus scriptus est, possit populo exponi, praedicatoris discretio[5] conformare[6] debet verba sua, ut intellegi possint a populo. Nam prolixa[7] praedicatio non est facienda propter infirmiores[8], quia plus prodest parum[9] cum intentione audisse quam ex multiloquio in[10] taedium labi. Observandum (est), ut, si urbani[11] convenerint, de sequentibus scriptis sermonem facias. Si vero vulgus confluxerit[12], evangelium vel epistulam[13] simpliciter exponas. Et hoc per totum annum sentiendum (est): summopere[14] cavendum, ne praedices te ipsum sed Iesum Christum. Si enim ideo[15] praedicas, ut tu lauderis, ut sapiens videaris, non Christum, sed te ipsum praedicas. Si autem ideo[15] praedicas, ut Christus laudetur, ametur, adoretur, ipse te faciet laudabilem[16] et regni sui coheredem[17], ut superbiam reprimas. Memento[18] haec non de tuo corde processisse[19], sed de alterius fonte[20] profluxisse[21].

1 **ostensio**, ostensionis *f.*: Ruhm
2 **aedificatio**, aedificationis *f.*: Erbauung
3 **contempero 1**: anpassen
4 **sermo vulgaris**: die „einfache Sprache des Volkes"
5 **discretio**, discretionis *f.*: Urteilskraft, Klugheit
6 **conformo 1**: bilden
7 **prolixus**, -a, -um: weitschweifig
8 **infirmus**, -a, -um: schwach
9 **parum cum intentione**: weniges mit Aufmerksamkeit
10 **in taedium labi**: in Überdruss verfallen
11 **urbanus**, -a, -um: *hier*: gebildet
12 **confluo 3**, confluxi, –: zusammenströmen
13 **epistula**, -ae *f.*: Brief (*des Apostels Paulus*)
14 **summopere cavendum <est>, ne** (+ *Konj.*): man muss sich äußerst davor hüten, dass …
15 **ideo**: deswegen
16 **laudabilis**, -e: lobwürdig
17 **coheres**, coheredis *m.*: Miterbe
18 **memento** (*Imperativ II*): du sollst daran denken
19 **procedo 3**, processi, -cessum: hervorgehen
20 **fons**, fontis *m.*: Quelle
21 **profluo 3**, profluxi, –: hervorfließen

VOCABULARIUM

scriptura, -ae *f.*	Heilige Schrift	**simplex** (*Gen.*: simplicis)	einfach
servo 1	bewahren	**sapiens** (*Gen.*: sapientis)	weise
prosum, prodesse, profui, –	nützen	**adoro 1**	anbeten
multiloquium, -i *n.*	Geschwätzigkeit	**superbia**, -ae *f.*	Hochmut
observo 1	beachten; befolgen	**reprimo 3**, repressi, -pressum	unterdrücken
vulgus, -i *n.*	Volk	**cor**, cordis *n.*	Herz

ACTIVA ET CONTEMPLATIVA

Diese Predigtanleitung findet sich im *Codex Cremifanensis*, einer Handschrift aus der 2. Hälfte des 12. Jahrhunderts, aufbewahrt in der Bibliothek des Benediktinerstiftes Kremsmünster in Oberösterreich. Sie ist in *karolingischer Minuskel* (Kleinbuchstaben-Schrift) geschrieben, siehe die Abbildung auf Seite 66.

- Versucht die Handschrift zu entziffern! Es wird euch auffallen, dass zahlreiche Wörter *abgekürzt* geschrieben werden. Welche dieser so genannten *Abbreviaturen* (Schreib-Abkürzungen) könnt ihr entdecken?
- Auch für eine gute Predigt ist das *aptum* (vgl. Seite 19) ein entscheidendes Kriterium. Warum?
- Welche Fehler sollte ein Prediger unbedingt meiden?

Bibliothek der Benediktinerabtei Kremsmünster, Oberösterreich

Eine Muster-Predigt zur Kirchweihe

*Im **Kremsmünsterer Predigthandbuch** finden sich für einzelne Sonntage des Kirchenjahres, aber auch für verschiedene spezielle Anlässe eine Reihe von **Sermones**, die – auch wegen ihrer Kürze – als lateinische Entwürfe für deutsche Predigten zu verstehen sind (Beginn des Textes in kolometrischer Gliederung, vgl. Seite 37).*

Quamvis **Deus** praesens *sit* in omni loco,
ubicumque invocatur nomen eius,
tamen specialiter **elegit** sibi domum,
ubi ab omnibus *conveniatur* et sacrificium ei *offeratur*
et *ubi* angelos suos custodes die et nocte *deputavit*[1],
qui offerant orationes suas coram ipso,
et *ubi* ab omnibus *invocaretur*
et *ubi* fides catholica *praedicaretur*,
ut esset omnibus una fides, unum baptisma,
et *ut* unum[2] omnes in Christo *sentirent*.

Ideo fratres carissimi, qui hodie convenistis in honore domini nostri Iesu Christi et sanctae dedicationis[3], praeparate Deo etiam aliud templum, cuius est figura[4] illud lapideum[5]! Praeparate Deo dignam domum in corde vestro et emundate illud ab omni odio, fornicatione[6], adulterio, periurio, avaritia, gula[7], ebrietate! Cuiuscumque cor ab his et similibus possessum est, ab illo fugit Deus. Et postquam has[8] sordes expurgetis, ornate templum illud humilitate, castitate, continentia, vigiliis[9], eleemosynis[10], orationibus et ceteris bonis operibus et accendite ibi lumen sanctae confessionis[11] et verae poenitentiae et perfundite lacrimis illud et accendite ibi odorem sanctae caritatis in Deum et proximum vestrum! Tunc habitabit in corde vestro et mansionem apud vos faciet. Et eritis Deo verum templum, de quo dicit apostolus: *Templum Dei sanctum est, quod estis vos.*

1 **deputare** (+ *Akk.*): bestimmen (als)
2 **unum sentire**: eines Sinnes sein
3 **dedicatio <ecclesiae>**: Kirchweihe
4 **figura**, -ae *f.*: *hier*: Vorbild
5 *ergänze*: **templum**
6 **fornicatio**, fornicationis *f.*: Unzucht
7 **gula**, -ae *f.*: Völlerei
8 **has sordes expurgetis** (*sic!*): „von diesem Schmutz gereinigt habt"
9 **vigiliae**, -arum *f.Pl.*: die Vigil (*nächtliches Gebet*; *eig.* die – *mit Beten verbrachten* – Nachtwachen)
10 **eleemosyna**, -ae *f.*: Almosen
11 **confessio**, confessionis *f.*: Beichte

Astriacus Austriacus – Himmelreichischer Österreicher

*Der Augustinermönch Johann Ulrich Megerle, bekannter unter seinem Pseudonym **Abraham a Sancta Clara**, wurde von Kaiser Leopold I. 1677 zum Hofprediger ernannt und war der berühmteste Prediger Wiens in der Barockzeit. Zeitgenossen rühmen seine Fabulierlust, sein fundiertes Wissen und auch seine überzeugende Mimik.*

Der hochheilige Marggraff Leopoldus
Lobpredigt durch den ehrwürdigen Patrem Abrahamum a S. Clara
15. Novemb. Anno MDCLXXIII

Closter-Neuburg, nit unweißlich thäte einer dir den Nahmen ändern und dich sehr fugsamb nennen Closter Heiligburg in Ansehung, daß in dir als in einer alten Leopoldinischen Burg fast nichts als Heilige anzutreffen, und so auch der vielgesegnete Jacob sollte in dir wie auff dem Weeg nacher Mesopotamien die Herberg nemmen, müßte er mehrmahlen in dise Wunder-Wörter ausbrechen: **vere locus iste sanctus est**, in der Warheit Closter Neuburg ist heilig; dann du neben deinen glorreichen Vatter, Stiffter, Geber, und Urheber **Leopoldum** auch 14 heilige Häupter auß den Christheldischen Kriegs-Heer Ursulae, wie auch neben anderen drey heilige Cörper der Römischen Blut-Zeugen **Claudii**, **Eugenii** und **Gregorii** behaltest. (…)

(*Es spricht zunächst jeder der genannten Heiligen auf seine Weise dem hl. Leopold Lob aus, bevor es weiter heißt:*)

Die Sechste Ritterliche Blutzeigen thäte villeicht den glorreichen **Leopoldum**, wieder aller **Grammaticorum** Witz ein Lob verfassen und **singulariter** von **Leopoldo** sprechen, daß er seye **in Nominativo pius**, der Gottsförchtige von jederman benahmset worden, **in Genitivo pius**, ein Gottseeliger Vatter vieler in Gott erzogenen Prinzen, **in Dativo pius**, ein Gottseeliger Außspender der Armen, **in Accusativo pius**, ein Heiliger und milder Fürst gegen den Angeklagten und Beschuldten, **in Vocativo pius**, ein Gottseeliger Patron aller derer die Ihn anruffen, **in Ablativo pius** ein Gottseeliger Außrotter und Weckraumer der Irrthumb aus Oesterreich.

Abraham a Sancta Clara (1644–1709).
(Radierung von Moritz Klinkicht nach einem zeitgenössischen Kupferstich)

ACTIVA ET CONTEMPLATIVA

- Inwiefern greifen sowohl die Predigt zur Kirchweihe als auch die Lobpredigt für den heiligen Leopold auf die antike Rhetorik zurück?
- Was bezweckt Abraham a Sancta Clara mit seiner „Deklination“ des Namens *Leopold*?
- Wie geht er dabei auf die Funktion der einzelnen Fälle ein?

„In domo propria percussi[1] sumus …“

***Enea Silvio Piccolomini**, zunächst Sekretär des Kaisers Friedrich III., später als **Pius II.** zum Papst gewählt, war humanistischer Gelehrter, Dichter und Diplomat. Nachdem die **Türken** unter der Führung von Sultan Mehmet II. **1453 Konstantinopel erobert** hatten, sah er darin nicht nur eine Gefahr für den christlichen Glauben, sondern auch für die kulturelle Identität des Kontinents Europa. Auf dem so genannten Frankfurter „Türkentag“ von 1454 hielt er folgende Rede:*

Quid enim viro bono et nobili magis congruit[2] quam curam gerere fidei[3] orthodoxae, favere[4] religioni, Christi nomen salvatoris pro[5] sua virili parte magnificare atque extollere?

Sed amissa nunc Constantinopoli[6], tanta urbe in potestatem hostium redacta, tanto Christianorum sanguine fuso, tot animabus[7] in servitutem abductis, vulnerata est miserabiliter catholica fides, confusa[8] turpiter nostra religio, Christi nomen damnificatum[9] nimis atque oppressum [est].

Neque, si verum fateri volumus, multis ante saeculis maiorem ignominiam passa est quam modo[10] Christiana societas.

Retroactis[11] namque temporibus in Asia atque in Africa, hoc est in alienis terris, vulnerati[12] fuimus: Nunc vero in Europa, id est in patria, in domo propria, in sede nostra percussi[1] caesique sumus.

Et licet[13] dicat aliquis ante plurimos annos ex Asia Turcos[14] in Graeciam transisse, Tartaros[15] citra Tanaim[16] in Europa consedisse, Saracenos[17] Herculeo[18] mari traiecto Hispaniae partionem[19] occupa[vi]sse: Numquam tamen aut urbem aut locum amisimus in Europa, qui Constantinopoli possit aequari[20].

Nunc contrita[21] deletaque Graecia quanta sit facta literarum iactura[22], cuncti cognoscitis, qui Latinorum omnem doctrinam ex Graecorum fontibus derivatam[23] [esse] non ignoratis.

Pinturicchio, Porträt Pius II. (Fresko, um 1505. Dombibliothek Siena)

1 **percutio 3**, percussi, -cussum: treffen, erschüttern
2 **congruo 3** (+ *Dat.*): passen (zu)
3 **fides orthodoxa**: der richtige Glaube
4 **faveo 2**, favi, fautum (+ *Dat.*): fördern
5 **pro sua virili parte**: „nach Kräften“
6 **Constantinopolis**, -is *f.*: Konstantinopel (*Hauptstadt des christlich-orthodoxen Ostens*)
7 **animabus = hominibus**
8 **confundo 3**, confudi, -fusum: *hier*: zerrütten
9 **damnifico 1**: beschädigen
10 **modo** (*Adv.*): eben jetzt
11 **retroactus**, -a, -um: vergangen, früher

„Das Dach, unter dem wir alle leben …"

*Der internationale **Karlspreis** zu **Aachen**, der 1950 erstmals vergeben wurde, ist der älteste und bekannteste Preis, mit dem Persönlichkeiten oder Institutionen ausgezeichnet werden, die sich um Europa und die europäische Einigung verdient gemacht haben. Als 1997 der damalige deutsche Bundespräsident **Roman Herzog** den Preis zugesprochen erhielt, führte er unter anderem aus:*

Es ist ein Irrtum, Europa primär als einen Begriff der Ökonomie zu verstehen. Was uns Europäer zunächst einmal eint, ist unsere gemeinsame europäische Kultur, auch unsere politische Kultur, die eine Kultur der Freiheit ist und damit ungeheure Kräfte freisetzen kann. Sie ist das Dach, unter dem wir alle leben.

Mehr als einmal haben die Kriege, die wir gegeneinander geführt haben, dieses Dach ins Wanken gebracht und die Teilung unseres Kontinents hat das Ihrige dazu getan, dass Europa heute zunächst als Wirtschaftsgemeinschaft vor uns steht. Aber das kann doch nicht alles sein. Heute haben wir die einmalige Chance, das Dach – den geistigen Überbau Europas – zu festigen und es auf einen soliden Unterbau politischer Einheit und wirtschaftlichen Fortschritts zu stellen.

Ich verwende hier ganz bewusst Begriffe aus dem kommunistischen Sprachgebrauch. Der Kommunismus hat behauptet, dass Staat, Politik und Gesellschaft, ja selbst das Denken der Menschen lediglich Funktionen der ökonomischen Verhältnisse seien. In der europäischen Kultur und in den philosophischen Überzeugungen unseres Kontinents haben wir Europäer jedoch einen Überbau, der nicht von irgendwelchen ökonomischen Verhältnissen bestimmt ist, sondern – genau umgekehrt – Richtlinien und Maßstäbe für den aus ihm erwachsenden Unterbau setzt, eben für die europäische Einigung. Wenn uns diese Einigung gelingt, ist endgültig ein zentrales Stück kommunistischer Ideologie nicht nur politisch, sondern auch geistig widerlegt. Dann ist Europa zu sich selbst zurückgekehrt.

ACTIVA ET CONTEMPLATIVA

- Sowohl Piccolomini als auch Herzog verwenden das Bild vom Haus, in dem wir Europäer zusammen leben. Welchen Gefahren ist es ihrer Meinung nach ausgesetzt?
- Was bildet das Dach, was das Fundament des „Hauses Europa"?
- Überlegt, was euch heute an Europa wichtig ist. Gestaltet ein Plakat zum Thema „Vision Europa"!

12 **vulnerati fuimus = vulnerati sumus**
13 **licet** (+ *Konj.*): „mag auch" (+ *Inf.*)
14 **Turci**, -orum *m.Pl.*: Türken
15 **Tartari**, -orum *m.Pl.*: Tartaren
16 **Tanais** (*Akk.*: Tanaim): Don (*Grenzfluss zwischen Europa und Asien*)
17 **Saraceni**, -orum *m.Pl.*: Sarazenen (= Araber)
18 **mare Herculeum**: Meerenge von Gibraltar
19 **partio**, partionis *f.*: Teil
20 **aequo 1**: vergleichen
21 **contero 3**, contrivi, -tritum: *hier*: hart mitnehmen, schwächen
22 **literarum iactura**: Verlust an Kultur
23 **derivo 1**: ableiten

Roman Herzog, deutscher Bundespräsident 1994–1999.

„Für Europa, für Österreich“

Als der österreichische Bundespräsident Thomas Klestil (1932 – 2004) anlässlich der Volksabstimmung über den EU-Beitritt Österreichs 1994 diese Rede hielt, signalisierten Meinungsumfragen bereits ein Ja zum Beitritt, allerdings unter dem Fragezeichen der Höhe der Wahlbeteiligung: Je niedriger diese sein würde, desto wahrscheinlicher würde nämlich umgekehrt ein Nein werden. Ein zweiter Unsicherheitsfaktor ergab sich aus der Tatsache, dass viele Bürgerinnen und Bürger ihre Entscheidung auf den letzten Moment verschoben hatten: Sie fühlten sich nicht ausreichend sachlich informiert und gaben ihre Stimme vorwiegend emotional bestimmt ab. Diese beiden Faktoren galt es im Sinne des rhetorischen **aptum** *(vgl. Seite 19) zu berücksichtigen.*

Liebe Österreicherinnen und Österreicher!

Zwei Tage trennen uns noch von der Volksabstimmung über unseren Beitritt zur Europäischen Union. Zum ersten Mal in der Geschichte Österreichs entscheiden dabei wir, die Bürger, direkt über eine Schicksalsfrage für unser Land.
Als Bundespräsident aller Österreicher – also auch jener, die sich nach ernster Prüfung zu einem Nein entschließen – habe ich Ihnen nichts zu empfehlen. Ich habe mich wiederholt für eine ehrliche Diskussion über alle Vor- und Nachteile und gegen jedes Spiel mit Ängsten ausgesprochen.
Ich habe aber auch versprochen, Ihnen zu sagen, wie ich selbst abstimmen werde. Ich werde am Sonntag mit „ja“ stimmen – das entspricht meiner persönlichen Überzeugung, meiner Lebenserfahrung und meiner Verantwortung, Österreich vor Schaden zu bewahren und die Zukunft zu sichern.
Ich habe als Kind noch die Schrecken des Krieges miterlebt, in dem wieder einmal – wie so oft in der tragischen Geschichte dieses Kontinents – Europäer gegen Europäer gekämpft haben. Ich weiß um die furchtbaren Folgen jedes Versuchs, die europäischen Grenzen mit Zwang und Gewalt zu überwinden. Die Europäische Union ist die erste erfolgreiche Initiative, die Europäer in Frieden und Freiheit zusammenzuführen. Und niemand – auch nicht der größte Kritiker der EU – sieht heute eine Alternative zu ihr. Als Gemeinschaft des Friedens, der Sicherheit und des Wohlstandes ist sie konkurrenzlos.
Aber schützt uns Österreicher nicht unsere Neutralität, fragen manche – wozu brauchen wir den Schutz einer größeren Gemeinschaft? Die Wahrheit ist, dass wir die Erhaltung unserer Freiheit und Unabhängigkeit nicht nur der Neutralität, sondern natürlich auch der westlichen Abschreckung verdankt haben. Und dass der europäische Integrationsprozess ganz entscheidend mitgeholfen hat, dass wir seit einem halben Jahrhundert im Frieden leben. Wahr ist aber auch, dass sich die Bedrohungsbilder für Österreich völlig verändert haben. Vielerorts sind Extremisten im Vormarsch – und viele Wege kreuzen sich in Österreich. Ich bin deshalb überzeugt, dass wir – auch als neutraler Staat – vor allem unserer Sicherheit zuliebe Mitglied der europäischen Union werden müssen.
Aber gefährden wir mit einem Beitritt nicht unseren Wohlstand – wir haben es ja auch bisher alleine geschafft? Auch diese Frage habe ich oft gehört – und sie hat mich besonders überrascht. Unser Wiederaufbau, unser Wohlstand, unser soziales Netz, unsere Umweltstandards und unsere harte Währung – all das haben wir uns selbst hart erarbeitet und von allem Anfang an in klarer Orientierung nach Westeuropa abgesichert. Schon jetzt ist unsere Wirtschaft zu 80 Prozent in der Europäischen Union integriert.

Thomas Klestil, österreichischer Bundespräsident 1992–2004.

Wozu überhaupt beitreten, wenn wir die Segnungen des größeren Europas auch so genießen können? Ich halte das für die zentrale Frage, um die es am Sonntag geht. Meine Antwort heißt: Wir müssen Mitglied werden, weil wir sonst den rasanten Integrationsprozess zwar nachvollziehen müssten, aber nichts, gar nichts mitzureden hätten. Weil wir – das Herzland Europas – künftig akzeptieren müssten, was andere beschließen. Österreich würde deshalb sicher nicht untergehen – aber ich meine, wir Österreicher haben ja 1955 nicht die Freiheit errungen, um uns künftig mehr und mehr fremd bestimmen zu lassen, wir wollen mitgestalten. Alle großen Zukunftsprobleme wie Umwelt, Stabilität, Sicherheit und Frieden kann ein Land nicht allein in nobler Isolation lösen.

Liebe Landsleute!

Wie immer Sie entscheiden – tun Sie es mit Mut, Weitblick und Selbstbewusstsein. An diesem Sonntag geht es nicht um Politiker oder Parteien und schon gar nicht um Denkzettel, sondern um Österreich. Viele große Österreicher haben von der Teilnahme an der europäischen Einigung geträumt – von unserer Friedensnobelpreisträgerin Bertha von Suttner über Adolf Schärf und Leopold Figl bis Bruno Kreisky und Alois Mock. Dieser Schritt bedeutet keinen Verzicht auf unsere Eigenart und Eigenheit, sondern bietet die historische Chance, unserer Heimat den ihr zustehenden Platz im größeren Europa zu sichern.
Wir Österreicher stimmen nicht darüber ab, ob es ein gemeinsames Europa geben wird – diese Entscheidung ist schon gefallen. Es geht darum, ob wir dieses größere Europa mitgestalten wollen. Das ist der wahre Einsatz an diesem 12. Juni. Sind Sie sich dieser großen Verantwortung bewusst! Gehen Sie bitte in jedem Fall zur Abstimmung! Und vergessen Sie nicht: An diesem Sonntag sind wir alle – wie immer das eigene Urteil lauten mag – eine einzige Österreich-Partei!

ACTIVA ET CONTEMPLATIVA

Anregungen zu einem fächerübergreifenden Rhetorik-Projekt (Latein – Deutsch – Politische Bildung):

- Analysiert die gesamte Rede (vollständiger Text im Internet unter www.ena.lu/mce.cfm) nach dem modernen rhetorischen Kommunikationsmodell (vgl. Seite 21): Historisch-politische Situation; Redeziel des Redners; Erwartungen, Interessen, Vorwissen der Zuhörer; Inhalt, Strategie, sprachliche Gestaltung der Rede …
- Verläuft Klestils Argumentation eher auf der Inhalts- oder eher auf der Beziehungsebene?
- Untersucht die Rede unter den Gesichtspunkten der antiken Rhetorik: *genus orationis* (vgl. Seite 15), *partes orationis* (vgl. Seite 11), *elocutio* und *virtutes dicendi* (vgl. Seite 19).
- Inwiefern beeinflusst die Tatsache, dass es sich um eine Fernsehansprache handelt, den Vortrag (*actio*)?
- Welche rhetorischen Stilmittel (vgl. Seite 82 ff.) verwendet Klestil, auf welche in der Politik durchaus übliche Strategien verzichtet er? Vergleicht z. B. Ciceros politische Reden gegen Catilina oder Piso!
- In welche Abschnitte ist die Rede gegliedert? Welche Wirkung wird in ihnen erzielt?
- Analysiert einzelne Abschnitte bzw. Absätze genauer: Welche Mittel wendet Klestil an, um die Wirksamkeit zu erhöhen?
- Verfasst selbst aktuelle „Europa-Reden" (zu Themen wie dem freien Hochschulzugang für ausländische EU-Bürger, dem in Aussicht genommenen Beitritt der Türkei, …)!

Primum Nuntium Benedicti XVI.

post concelebrationem eucharisticam cum cardinalibus electoribus in Cappella Sistina, die XX mensis Aprilis, anno Domini MMV

Lateinische Reden haben auch in unserer modernen Welt einen festen Platz: Der 2005 neu gewählte ***Papst Benedikt XVI.*** *wählte für seine erste offizielle Ansprache Latein und nicht Englisch, Italienisch oder seine Muttersprache Deutsch, weil er auf die* ***Völker verbindende Kraft der lateinischen Sprache*** *setzte, die über allen nationalen Interessen steht.*

Venerabiles Fratres Nostri[1], dilectissimi Fratres ac Sorores in Christo, vos universi homines bonae voluntatis!

Intimus animi grati sensus propter divinae misericordiae donum in corde Nostro praeter omnia antistat[2]. Et id arbitramur gratiam esse peculiarem, quam Decessor Noster, recolendae memoriae[3], Ioannes Paulus Secundus Nobis tribuit. Eius videmur firmam persentire manum, quae Nostram perstringit; subridentes Nobis videmur eius oculos contueri eiusque verba audire, Nobis peculiari hoc momento destinata: „Noli timere!". (...)

Nostros ante oculos Ioannis Pauli Secundi Pontificis potissimum obversatur testimonium. Animosiorem, liberiorem iunioremque Ecclesiam relinquit, Ecclesiam scilicet quandam quae, ad[4] eiusdem doctrinam et exemplum, tranquille praeteritum tempus contuetur quaeque[5] futurum aevum haud timet.

Ecclesia horum dierum in se conscientiam[6] renovare debet sui officii hominibus iterandi[7] vocem eius, qui dixit: *„Ego sum lux mundi; qui sequitur me, non ambulabit in tenebris, sed habebit lucem vitae"* (*Io 8, 12*). Suum ideo ministerium suscipiens Pontifex novus probe intellegit opus suum esse ut refulgere sinat coram viris ac mulieribus hodiernis Christi lucem: non suam, verum Christi ipsius lucem.

[1] *Der alten Tradition folgend, sagt der Papst im lateinischen Originaltext* **nos** *statt* **ego**, **noster** *statt* **meus**. *Wie die in dieser Ansprache geäußerten Gedanken zeigen, ist dies weniger ein* **Pluralis maiestatis** (*Majestätsplural*) *als ein* **Pluralis modestiae** (*Bescheidenheitsplural*), *mit welchem der Redende seine eigene Persönlichkeit hinter die der Zuhörer zurücktreten lassen will: Indem er das persönliche Interesse zu einem gemeinsamen macht, bezieht er die Zuhörer verstärkt mit ein.*

[2] **antistare praeter** (+ *Akk.*): übertreffen

[3] **recolendae memoriae**: *übersetze mit* „der verehrte"

[4] **ad** (+ *Akk.*): *hier*: entsprechend

[5] **quaeque = et quae**

ACTIVA ET CONTEMPLATIVA

- Suche im Text der Ansprache lateinische Ausdrücke für typisch moderne Begriffe. Webtipp: Ein neulateinisches Glossar (Wörterbuch) findest du unter http://latein.eduhi.at!

Haec omnia cogitantes appellamus omnes, etiam illos, qui alias sequuntur religiones vel qui solummodo responsionem conquirunt interrogationi fundamentali de exsistentia humana necdum eam invenerunt. Simpliciter atque amanter omnes alloquimur, ut iis confirmemus Ecclesiam velle cum illis dialogum apertum sincerumque componere, dum verum[8] quaeritur hominis ac societatis bonum.
A Deo flagitamus unitatem ac pacem hominum familiae et declaramus catholicos omnes paratos esse ad operam[9] adiutricem suam conferendam in verum progressum socialem, qui dignitatem omnis hominis revereatur[10].
Viribus Nostris non parcemus neque studiis, ut magnae[11] spei dialogum prosequamur a Nostris Venerabilibus Decessoribus incohatum cum diversis culturis, ut ex mutua comprehensione[12] condiciones melioris venturi temporis omnibus oriantur.
Nominatim cogitamus adulescentes. Ad eos, qui fuerunt interlocutores[13] praecipui Pontificis Ioannis Pauli Secundi, extenditur[14] peramanter amplexio Nostra, cum exspectamus, si placuerit Deo, dum eos Coloniae[15] conveniamus proximo nempe[16] Mundiali Iuventutis Die. Vobiscum – carissimi adulescentes – qui estis futura aetas et Ecclesiae totiusque mundi spes, pergemus colloqui et exspectationes vestras exaudire, unde possimus adiuvare vos ad altius[17] usque Christum viventem cognoscendum, qui sempiternus est Iuvenis.

6 *Ordne*: **conscientia sui officii …**
7 **iterandi** (*Gerundium, abhängig von* **officii**): „zu wiederholen“
8 **verum** *stelle zu* **bonum** (*Sperrung – Traiectio*!)
9 **opera adiutrix** (*Gen.*: operae adiutricis): Mitarbeit
10 **revereor 2**, reveritus sum: respektieren
11 **magnae spei**: „vielversprechend“
12 **comprehensio**, comprehensionis *f.*: Verständnis
13 **interlocutor**, interlocutoris *m.*: Gesprächspartner
14 **ad eos … extenditur peramanter amplexio Nostra**: ihnen gilt meine sehr liebevolle Umarmung
15 **Colonia**, -ae *f.*: Köln
16 **nempe** (*Adv.*): sicherlich
17 **altius usque**: immer tiefer

Papst Benedikt XVI.

Salvete ad Certamen Arpinas[1] convenientes!

In Ciceros Geburtsstadt ***Arpinum*** *(heute* ***Arpino****, ca. 100 km südöstlich von Rom), findet zu Ehren des großen Sohnes dieses kleinen Landstädtchens jährlich ein internationaler* ***Cicero-Wettbewerb*** *statt. An die 500 Schülerinnen und Schüler aus ganz Europa übersetzen und interpretieren in einer 4-stündigen Klausur einen Cicero-Text (2004 war es eine Passage rund um die im Text der Rede zitierte Stelle aus* **De re publica***). Höhepunkt im kulturellen Begleitprogramm des* ***Certamen Ciceronianum*** *ist ein Empfang, den der* ***Abt*** *des nicht weit entfernten Klosters* ***Montecassino*** *regelmäßig für die Teilnehmer gibt. In seiner Ansprache von 2004, wie immer auf Latein gehalten, werden sowohl die Sprache als auch die Rhetorik Ciceros lebendig. (Text gekürzt)*

Salvete iuvenes carissimi ad vicesimum quartum certamen Arpinas[1] convenientes!

In epistula quinta ad Lucilium Seneca ait: „Quod hoc unum agis, ut te meliorem cotidie facias, et probo et gaudeo, nec tantum hortor, ut perseveres, sed etiam rogo“. Hodie Europae Patronus Benedictus vos quoque, iuvenes dilecti ab variis nationibus Europensibus oriundi[2], adhortatur, ut Christianam morum integritatem asservetis nec[3] non pacis et boni communis conscientiam in vobis foveatis. Ex animo opto, ut etiam vos perspicue proficiatis in habitu vestro et genere vitae.

Unum, iuvenes carissimi, sit semper propositum[4] vestrum, ut mens vestra in bona voluntate fundetur. Attendite ad verum et voluntarium, quia hic stat sana philosophia, id est amor illius sapientiae, quae, ut docet Cicero, „medetur animis, inanes sollicitudines detrahit, cupiditatibus liberat, pellit timores“ (*Tusculanae disputationes, 11, 4, 11*). Ab hac sapientia profluit virtus, quae firmat pacem et amicitiam inter homines et nationes. Adhuc Arpinas[5], quasi evangelicae sapientiae praecursor, de amicitia ait: „Est enim amicitia nihil aliud, nisi omnium divinarum humanarumque rerum cum benivolentia et caritate consensio“ (*Laelius de amicitia, VI*).

1 **Arpínas** (*Gen.*: Arpinatis): zu Arpinum gehörig; **Certamen Ciceronianum Arpinas**: Cicero-Wettbewerb in Arpinum
2 **oriundus**, -a, -um (**ex** + *Abl.*): abstammend (von)
3 **nec non** (*Litotes*!): und besonders
4 **propositum**, -i *n.*: Vorsatz
5 **Arpínas**, Arpinatis *m.*: der Mann aus Arpinum (= *Cicero*)
6 **perennis**, perenne: *hier*: nie versiegend
7 **inservio 4** (+ *Dat.*): dienen, fördern
8 **virtute:** *Abl. comparationis*; *ordne*: **Quid vero potest esse praeclarius virtute gubernante rem publicam?**
9 **civis = cives**
10 **omnis = omnes**
11 **conplector 3**, conplexus sum: *hier*: in sich vereinigen
12 **par** (*Gen.*: paris) **esse** (+ *Dat.*): (einer Sache) gewachsen sein
13 **Mons Casinus**: Montecassino

Iuvenes dilecti, perenni[6] ex fonte Latinae sapientiae, probitatis et virtutis amorem haurite, ut bene edocti de antiquorum doctrina conferatis ad servandam promovendamque singulorum libertatem. Sane actio rei publicae inservit[7] communi utilitati, sed vera perfectaque sola utilitas est, quae a iustitia exoritur et libertatem singulorum servat. Apte exclamat Cicero: „Virtute[8] vero gubernante rem publicam quid potest esse praeclarius? Cum is, qui imperat aliis, servit ipse nulli cupiditati, cum, quas ad res civis[9] instituit et vocat, eas omnis[10] conplexus[11] est ipse nec leges inponit populo, quibus ipse non pareat, sed suam vitam ut legem praefert suis civibus“ (*De re publica, 1, 53*).

Opto vobis sincere ut, ad liberalia studia attendentes, vos discatis non solum Latine loqui sed multo magis instrumenta consequi ad virtutem suffragandam, ad amicitiam inter homines evolvendam, ad pacem inter populos perficiendam. Gratulor sane nec dubito, quin pares[12] sitis huic voto.

Valete quam optime!

Bernardus d'Onorio, Abbas Montis[13] Casini

ACTIVA ET CONTEMPLATIVA

- Analysiere die Rede inhaltlich und stilistisch nach rhetorischen Gesichtspunkten. Wo zeigt sich der Redner als würdiger Nachfahre Ciceros? Nenne die entsprechenden Textpassagen!
- Hast du Lust bekommen, vielleicht selbst einmal am *Certamen Ciceronianum* teilzunehmen? Nähere Informationen, Bilder und Berichte findest du auf der Website: www.certamenciceronianum.it

Das Rathaus von Arpinum/Arpino, aus Anlass des Certamen Ciceronianum *feierlich beflaggt, mit der Statue Ciceros davor.*

Alphabetisches Verzeichnis der Lernvokabel

A

absum, abes, abesse, afui, –	entfernt sein	45
abhorreo 2, abhorrui, –	abweichen	35
adoro 1	anbeten	67
aequitas, aequitatis *f.*	Gerechtigkeit	53, 55
aetas, aetatis *f.*	Alter	51
Amor, Amoris *m.*	Amor (*Gott der Liebe*)	11
amplius (*Adv.*)	mehr	43
an	ob	11
apertus, -a, -um	offen	65
aptus, -a, -um	passend, angemessen	21
aspectus, aspectus *m.*	Anblick	33, 35
audacia, -ae *f.*	Tollkühnheit	27
auditor, auditoris *m.*	Zuhörer	5
aufero, -fers, -ferre, abstuli, ablatum	hinwegraffen, wegnehmen	11

B

boni, -orum *m.Pl.*	die anständigen Leute, Patrioten	29, 39

C

causa, -ae *f.*	Fall, Prozess; Grund; Sache	5
ceterum (*Adv.*)	im Übrigen	41
civilis, civile	bürgerlich, Bürger-	7
clarus, -a, -um	berühmt	47
clementia, -ae *f.*	Milde	53
cognosco 3, cognovi, cognitum	kennen lernen	41
concedo 3, concessi, -cessum	weggehen; erlauben, zugestehen	33
(con)iungo 3, (con)iunxi, (-)iunctum	verbinden	11, 39, 47
coniuratio, coniurationis *f.*	Verschwörung	27
colloquor 3, collocutus sum	etw. besprechen; sich unterhalten über	5
conservo 1	(am Leben) erhalten	47
considero 1	bedenken; überlegen	5
constituo 3, constitui, -stitutum	begründen; festsetzen; beschließen	7
contineo 2, continui, -tentum	enthalten; *passiv*: enthalten sein	7
cor, cordis *n.*	Herz	67
conscientia, -ae *f.*	Bewusstsein	33
creo 1	erschaffen	11
crimen, criminis *n.*	Anschuldigung	51
crudelitas, crudelitatis *f.*	Grausamkeit	49
cum (+ *Indikativ*)	wenn, als, indem	29
curia, -ae *f.*	Kurie (*Sitz des Senats*)	47
custodio 4	bewachen	29

D

debeo 2, -ui, –	schulden; *passiv:* zustehen; müssen	31
decet, -ere, decuit, –	es gehört sich, es ziemt sich	19, 21
decorus, -a, -um	passend, angemessen	19
delecto 1	unterhalten	5
demum (*Adv.*)	erst	41
denique	schließlich	45
designo 1	bestimmen	27
desino 3, désii, désitum	aufhören	35, 39
dignitas, dignitatis *f.*	Würde	7
disco 3, didici, –	lernen	9
disputatio, disputationis *f.*	(philosophisches) Streitgespräch	5
dominatio, dominationis *f.*	absolute Macht	41
dum modo (+ *Konj.*)	wenn nur	31

E

effero, -fers, -ferre, extuli, elatum	erheben	37
elocutio, elocutionis *f.*	sprachlicher Ausdruck, Stil	5
eloquens (*Gen.*: eloquentis)	redegewandt	5
eloquentia, -ae *f.*	Redekunst	5
eloquium, -i *n.*	Beredsamkeit; Sprache; Rede	5
eo (*Adv.*)	deshalb	41
eripio 3, eripui, -reptum	(weg)nehmen, entreißen	35
error, erroris *m.*	Irrtum	65
everto 3, everti, -versum	vernichten, untergraben	35, 49
ex(s)ilium, -i *n.*	Verbannung	31, 55
exitium, -i *n.*	Untergang	39
expono 3, exposui, -positum	auslegen	5
exsisto 3, exstiti, –	auftauchen, entstehen	35
extremus, -a, -um	äußerster; letzter	47

F

falsitas, falsitatis *f.*	Falschheit, Unrichtigkeit	65
fama, -ae *f.*	Sage, Überlieferung	11
fateor 2, fassus sum	zugeben	5
firmus, -a, -um	stark	41
flagitium, -i *n.*	Schandtat	35, 51
flecto 1	umstimmen	19
fortuna, -ae *f.*	Glück; Schicksal	45, 55
fortunae, -arum *f.Pl.*	Vermögen	39
frango 3, fregi, fractum	brechen	49, 55
frequentia, -ae *f.*	Menge	31
frustra (*Adv.*)	vergeblich	41
fundamentum, -i *n.*	Grundlage	19
furor, furoris *m.*	Wahnsinn	27, 49

G

gaudeo 2, gavisus sum (+ *Abl.*) (*Semidep.*)	sich freuen (über)	13

H

hic (*Adv.*)	hier	11
hodiernus, -a, -um	heutig	53
hortor 1	ermutigen; auffordern	5
huc (*Adv.*)	hierher	11, 13

I

iam	nun; schon	29
iam pridem	schon längst	27
ignavia, -ae *f.*	Faulheit	41
impius, -a, -um	gottlos	39
inauditus, -a, -um	unerhört	49
incendium, -i *n.*	Brand	47
incertus, -a, -um	unsicher	41
incipio 3, coepi, coeptum	beginnen	41
infestus, -a, -um	feindselig	33, 35
inflammo 1	anzünden	39, 55
inhonestus, -a, -um	unehrenhaft	43
iniquitas, iniquitatis *f.*	Unrecht	65
innumerabilis, innumerabile	unzählig	6, 53
insidior 1	auflauern	39
intellego 3, intellexi, intellectum	erkennen; einsehen	53
interitus, interitus *m.*	Untergang	47
iudex, iudicis *m.*	Richter	5
iudicium, -i *n.*	Urteil(sspruch); Gerichtshof	5
iudico 1	halten für; urteilen	5
(con)**iungo 3**, (con)iunxi, (-)iunctum	verbinden	11, 39, 47
iussu	auf Befehl	27
iustus, -a, -um	gerecht	13

L

laudatio, laudationis *f.*	Lob(rede)	5
lex, legis *f.*	Gesetz	5
libido, libidinis *f.*	Begierde	43

M

memini, meministi, meminisse (+ *Akk.*)	sich erinnern	51

metuo 3, metui, –	fürchten	33
miser, misera, miserum	armselig	43
misericordia, -ae *f.*	Mitleid	31, 53
mendacium, -i *n.*	Lüge	65
mortalis, mortale	sterblich	11
multiloquium, -i *n.*	Geschwätzigkeit	67
mundus, -i *m.*	Welt	11

N

necessarius, -a, -um	notwendig	43
nefarius, -a, -um	verbrecherisch	47, 49
nego 1	leugnen; sagen, dass nicht …	5
nequiquam (*Adv.*)	vergeblich	41
ni (= nisi)	wenn nicht	41
nocturnus, -a, -um	nächtlich	51
nonne (*in Entscheidungsfragen*)	nicht	43
noto 1	bezeichnen	27
notus, -a, -um	bekannt	11
numen, numinis *n.*	göttliche Macht	11

O

observo 1	beachten; befolgen	67
odi, odisti, odisse, –	hassen	33
opinor 1	glauben, meinen	5
opprimo 3, oppressi, -pressum	überwältigen; unterdrücken	31, 35, 39
opus est (+*Abl.*)	etwas ist nötig	43
oratio, orationis *f.*	Rede	5
orator, oratoris *m.*	Redner	5
ordo, ordinis *m.*	Stand; Versammlung	47
oro 1	bitten	5
otium, -i *n.*	Muße; (innerer) Friede	21

P

pateo 2, -ui, –	offen stehen; klar sein	31; 27, 65
patientia, -ae *f.*	Geduld	27
patior 3, pateris, pati, passus sum	ertragen; zulassen, dulden	43
patres conscripti	versammelte Senatoren	49
penitus (*Adv.*)	tief	37
per (+ *Akk.*)	bei (*in Schwüren und Bitten*)	13
perago 3, peregi, -actum	verbringen	13
percipio 3, percepi, -ceptum	vernehmen, wahrnehmen	37
perditus, -a, -um	verkommen	29, 37
perfectus, -a, -um	vollkommen	7
perfero, -fers, -ferre, pertuli, -latum	aushalten	51
perpetuus, -a, -um	dauernd	49
persaepe	sehr oft	31, 37
pertimesco 3, pertimui, –	fürchten	33
plenus, -a, -um (+ *Gen.*)	reich (an); voll (von)	21; 13
plurimi, -ae, -a	sehr viele	7
posco 3, poposci, –	fordern	5
posteritas, posteritatis *f.*	Nachwelt, Zukunft	37
potens (*Adv.*) (*Gen.*: potentis)	mächtig	41
potentia, -ae *f.*	Macht	41
potius (*Adv.*)	eher	29
praedicator, praedicatoris *m.*	Prediger	5
praedico 1	predigen	5
praesens (*Gen.*: praesentis)	(persönlich) anwesend	9
praetermitto 3, praetermisi, -missum	übergehen	5
pridem (*Adv.*)	längst	29
pro (+ *Abl.*)	statt; für	13
probo 1	beweisen; gut finden	5
propero 1	eilen	13
proprius, -a, -um (+ *Gen. oder Dat.*)	typisch (für)	53
prosum, prodesse, profui, –	nützen	67

Q

quaeso	bitte	5
qualis, quale	wie, wie beschaffen	21, 51

quam ob rem	deshalb	7
quidem (*Adv.*)	zwar; jedenfalls	21, 49; 53

R

ratio, rationis *f.*	Art und Weise; Planung	33 51
recognosco 3, recognovi, -cognitum	wiedererkennen	51
reprimo 3, repressi, -pressum	unterdrücken	67
res familiaris (*Gen.*: rei familiaris)	Familienvermögen	43
retineo 2, retinui, -tentum	beibehalten	55
rhetoricus, -a, -um	rhetorisch, Rede-	5
rumor, rumoris *m.*	Ruf, öffentliche Meinung	5

S

salvus, -a, -um	heil	55
sane (*Adv.*)	allerdings	19, 21
sapiens (*Gen.*: sapientis)	weise	67
sapientia, -ae *f.*	Weisheit	6, 19
scientia, -ae *f.*	Wissen	27
scriptura, -ae *f.*	Schrift; die Heilige Schrift	67
secerno 3, secrevi, secretum	absondern	39
sensus, sensus *m.*	Sinn; Gefühl; Gedanke	5
serius aut citius	später oder früher	13
sermo, sermonis *m.*	Gespräch, Rede; Predigt	5
servo 1	bewahren	67
sicut	wie	29
simplex (*Gen.*: simplicis)	einfach	67
simul (*Adv.*)	gleichzeitig	41
simul atque	sobald als	31
sin	wenn aber	35
sino 3, si(v)i, situm	lassen	11
solum (*Adv.*)	nur	51
sponte (+ **mea, tua, sua**)	freiwillig, aus eigenem Entschluss	31
superbia, -ae *f.*	Hochmut	67
superior, -ius	voriger	35

T

taceo 2, -ui, –	schweigen	49
tacitus, -a, -um	schweigend	35
tantum (*Adv.*)	nur	9
tectum, -i *n.*	Dach; Haus (*pars pro toto*)	39
tendo 3, tetendi, tentum	streben nach	13
teneo 2, tenui, tentum	innehaben; halten	13

U

una (*Adv.*)	gemeinsam	45
universus, -a, -um	ganz	7

V

valeo 2, valui, –	vermögen; stark sein	35 41
vanus, -a, -um	nichtig	65
vehemens (*Gen.*: vehementis)	leidenschaftlich, heftig	19
vel ... vel	entweder ... oder	45
venia, -ae *f.*	Nachsicht	13
versor 1	sich aufhalten	31
versor 1 (in + *Abl.*)	sich befassen mit	49
verum	aber	29
verum etiam	sondern auch	35
vetustas, vetustatis *f.*	Alter	53
via, -ae *f.*	Weg	11
vigilia, -ae *f.*	(Nacht-)Wache	27
vincio 4, vinxi, vinctum	fesseln	11
vindico 1	bestrafen	39
aliquem in libertatem vindicare	jemandem die Freiheit verschaffen	41
virilis, virile	männlich	43
vitium, -i *n.*	Fehler	9
vito 1	meiden	27, 33
vulgus, -i *n.* (*arch.* **volgus**)	Volk, Pöbel	41, 67

Ars Rhetorica – Rhetorische Stilmittel

Rhetorische Stilmittel dienen nicht nur dem Schmuck der Rede (**ornatus**), sondern vor allem auch der **Verdeutlichung** und der größeren **Einprägsamkeit** des Gesagten.

Alliteration (Gleichheit der Anfangslaute)

Wir **W**iener **W**äscheweiber **w**ürden **w**eiße **W**äsche **w**aschen …
*Aliud **s**tans, aliud **s**edens **s**entis de re publica.* (Invectiva in M. T. Ciceronem)

Anapher (Wiederaufnahme eines Wortes am Anfang von Sätzen oder Satzabschnitten)

Pack schlägt sich, **Pack** verträgt sich
Quotiens cogitabis, ***totiens*** *de maximis tuis beneficiis,* ***totiens*** *de incredibili liberalitate,* ***totiens*** *de singulari sapientia cogitabis* (Cicero, Marc. 19,4).

Antithese (Gegenüberstellung)

Der **Mensch** denkt, **Gott** lenkt.
Vel ***imperatore*** *vel* ***milite*** *me utimini!* (Sallust, Cat. 20)
… ***servire*** *magis quam* ***imperare*** *parati estis.* (Sallust, Cat. 20)
Vita ***brevis,*** *ars* ***longa.*** (Seneca, brev. vitae 1,2)

Asýndeton (Unverbundenheit)

Faces iam accensas ad huius urbis incendium comprehendi, protuli, exstinxi.(Cicero, Pis. 5)
Veni, vidi, vici. (Sueton, Caesar 37,2)

Chiasmus (Kreuzstellung)

Der **Nebel** steigt, es fällt das **Laub** (Theodor Storm)
Viget *aetas, animus* ***valet****.* (Sallust, Cat. 20)

Ellipse (Auslassung eines Satzgliedes, oft fehlen Formen von *esse*)

Wie du mir, so ich dir!
Ubi bene, ibi patria.

Enumeratio (Aufzählung)

… imperia, provincias, Rhenum, Oceanum, Nilum, pugnas innumerabiles, incredibiles victorias, monumenta, munera, triumphos … (Cicero, Marc. 28,5).

Euphemismus (Beschönigung)

Kap der **Guten Hoffnung**, der **Entschlafene**, **Rossäpfel** …
diem *obire* (dem Tag entgegen gehen = sterben)
Dic ***habilem****, quaecumque brevis, quae turgida,* ***plenam***! (Ovid, ars 1,660)

Figura etymologica (Spiel mit Wörtern desselben Stammes, besonders Verb und Substantiv)

ein **Spiel spielen** • anderen eine **Grube graben**
victoriam vicisse *videris* (Cicero, Marc. 12,6).

Hendiadyóin („eins durch zwei" – ein komplexer Begriff wird in 2 Teile zerlegt: 2 Synonyme drücken verschiedene Aspekte derselben Vorstellung aus)

glücklich und **zufrieden** (zwei Wörter, ein innerer Zustand)
aemulo *atque* ***imitatore*** (Cicero, Marc. 2,3); ***hortamur*** *et* ***obsecramus*** (32,4).

Hypérbaton = Traiectio („Überspringen", Sperrung)

Getroffen sank dein Feind **vom Speere** (Schiller)
... istam *doctorum hominum in contemnenda morte* ***prudentiam*** (Cicero, Marc. 25,5).

Hypérbel (Übertreibung)

ein **Meer** von Tränen
Catilina ***orbem terrae*** *caede atque incendiis vastare cupit.* (Cicero, Cat. 1,3)

Interrogatio (Rhetorische Frage an Stelle einer verneinten Aussage)

Quo usque tandem abutere, Catilina, patientia nostra? (Cicero, Cat. 1,1)

Klimax („Leiter", Steigerung)

Das Wasser **rauscht**, das Wasser **schwoll**. (Goethe)
curis, ***molestiis***, ***doloribus*** *liberatus* (Cicero, Marc. 34,2).

Litótes (doppelte Verneinung)

nicht ungern
non negabis (Cicero, Marc. 25,13).

Metápher (Übertragung)

Wolken**kratzer**, Straßen**kreuzer**; der Wunsch ist **Vater** des Gedankens
pater *patriae;* ***bustum*** *rei publicae* (Cicero, Pis. 4,9)

Oxýmoron („scharfsinniger Unsinn": Ausdruck, der widersprüchliche Begriffe vereinigt)

Cum ***tacent***, ***clamant*** (Cicero, Cat. 1,8)

Parádoxon („gegen die Erwartung": verblüffender Ausdruck, scheinbarer Widerspruch)

Geteilte Freude ist **doppelte** Freude.
Ipsam victoriam vicisse videris (Cicero, Marc. 12,6).

Parallelismus (übereinstimmender Aufbau)

Wes Brot ich ess, des Lied ich sing.
Vox populi, vox dei.
… ut audire taedeat, intellegere non pateat, credere postremo non libeat (Aug., doctr. Chr. IV, 2, 3)

Parenthese (Eingeschobene Nebenbemerkung)

Als Bundespräsident aller Österreicher – **also auch jener, die sich nach ernster Prüfung zu einem Nein entschließen** – habe ich Ihnen nichts zu empfehlen. (Thomas Klestil)
*Regia – **crede mihi** – res est succurrere lapsis.* (Ovid, Pont. II, 9, 11)

Paronomasie (Wortspiel auf der Basis von Klangähnlichkeit)

Wer **rast**et, der **rost**et.
Urbi** et **orbi (Papstsegen) • *Quis ita **desipiat**, ut hoc **sapiat**?* (Aug., doctr. Chr. IV, 2, 3)

Pars pro toto (Teil eines Gegenstandes als Bezeichnung für das Ganze)

tecta wörtlich „Dächer" in der Bedeutung „Häuser"

Praeteritio („Übergehen", Neugier erweckende Andeutung)

Es erübrigt sich wohl zu sagen, …
Primum illum actum istius vitae turpissimum atque flagitiosissimum praetermittam. (Verr. II,1,32).

Personifikation (Sonderform der Metapher: Belebung von Leblosem)

*Si mecum **patria**, si **cuncta Italia loquatur**: „Marce Tulli, quid agis?"* (Cicero, Cat. 1,11)

Polýptoton (dasselbe Wort in verschiedenen Kasus)

das **Buch** der **Bücher**
***Homo homini** lupus.* (nach Plautus, Asin. 495) • ***Ego** L. Catilinam … egredi ex urbe iussi. **Me** Qu. Catulus … parentem patriae nominavit. **Mihi** senatus … templa patefecit.* (Cicero, Pis. 4ff)

Polysýndeton (vielfache Verbindung durch Konjunktionen)

Einigkeit **und** Recht **und** Frieden
***aut** nobilitate **aut** probitate **aut** optimarum artium studio **aut** innocentia **aut** ullo in laudis genere* (Cicero, Marc. 4,2).

Tríkolon (dreigliedriger Ausdruck)

Gestern noch auf stolzen Rossen, **heute** durch die Brust geschossen, **morgen** in das kühle Grab. (Wilhelm Hauff)
*cum summa rei publicae **salute**, cum tua **peste ac pernicie**, cumque eorum **exitio** … proficiscere ad impium bellum ac nefarium!* (Cicero, Cat. 1,32)

Autoren und Werke

Abraham a Sancta Clara (1644–1709), eigentlich *Johann Ulrich Megerle*: Augustinermönch, bedeutendster katholischer Prediger der Barockzeit (1677 von *Kaiser Leopold I.* zum Hofprediger ernannt). Seine temperamentvollen, sprachgewaltigen und witzigen Predigten waren überaus populär. „*Mercks Wien*" (Predigten anlässlich der Pest-Epidemie in Wien 1669, während der er sich für die Not leidende Bevölkerung einsetzte); sein Appell „*Auff, auff ihr Christen*" (Aufruf zum Kampf gegen die Türken, die 1683 Wien belagerten) inspirierte *Friedrich Schiller* zu der Kapuzinerpredigt in seinem Drama „*Wallensteins Lager*".

Augustinus, Aurelius (354–430): Bedeutender Kirchenlehrer aus Thagaste (im heutigen Algerien), Sohn eines heidnischen Beamten und einer Christin. Nach Studium in Karthago und ausschweifenden Jugendjahren Professor für Rhetorik in Mailand. Durch Ciceros „*Hortensius*" erwachendes Interesse für Philosophie, unter dem Einfluss des Mailänder Bischofs *Ambrosius* Bekehrung zum christlichen Glauben. Zurücklegung des Lehramtes, 387 Taufe. Rückkehr nach Afrika in eine quasi-klösterliche Gemeinschaft, ab 396 Bischof von Hippo Regius, reiche schriftstellerische Tätigkeit: *Confessiones* („Bekenntnisse": autobiographische Reflexion über den eigenen Lebensweg), *De civitate Dei* („Über den Gottesstaat": geschichtsphilosophisches Werk anlässlich der Eroberung Roms durch die Westgoten 410), zahlreiche theologische Schriften, Bibelkommentare, Predigten.

Benedikt XVI., bürgerlich *Joseph Alois Ratzinger* (*1927): Als einer der bedeutendsten Kardinäle und Präfekt der Glaubenskongregation theologisch und kirchenpolitisch rechte Hand *Papst Johannes Pauls II.* Am 19. April 2005 als 265. Papst zu dessen Nachfolger gewählt.

Cicero, Marcus Tullius (106–43 v. Chr.): Staatsmann, Redner und Philosoph von großem Einfluss auf das abendländische Denken bis in die Neuzeit. Geboren in Arpinum (ca. 100 km südöstlich von Rom), Studium der Rhetorik und Jurisprudenz in Rom, der Philosophie an der platonischen Akademie in Athen, der Rhetorik auch auf Rhodos bei *Apollonios Molon*). Trotz Herkunft aus einer nicht-senatorischen Familie (*homo novus*) erklimmt er die Karriereleiter des *cursus honorum* (Ämterlaufbahn) in kürzest möglicher Zeit (*suo anno*) bis zum Konsulat (63 v. Chr.), in dem er Entscheidendes für die Niederschlagung der Verschwörung des *Catilina* leistet. Von seinen Feinden wegen des Todesurteils für die Catilinarier ins Exil getrieben, ist Cicero nach seiner Begnadigung und Rückkehr nach Rom ab 55 v. Chr. politisch isoliert und widmet sich dem Verfassen philosophischer und rhetorischer Schriften: *De oratore* (Über den Redner), *De re publica* (Über den Staat), *Hortensius*, *Tusculanae disputationes* (Gespräche auf Ciceros Landgut in Tusculum) u.v.a.m. Als sich seine Hoffnung auf die „*concordia omnium bonorum*" („Eintracht aller guten Patrioten") zur Rettung der Republik als unerfüllbare Illusion erweist, hält er nach *Caesars* Ermordung 14 Reden gegen *Mark Anton* (*Orationes Philippicae*), wird in der Folge von diesem *proskribiert* (auf eine Todesliste gesetzt) und 43 v. Chr. ermordet.

Codex Cremifanensis 70: Handschrift (2. Hälfte des 12. Jhdt.) aus der Stiftsbibliothek des Benediktinerstiftes Kremsmünster in Oberösterreich. Überliefert einerseits einen mahnenden Kommentar (lateinisch), wie zu predigen sei, andererseits eine vollständige „Predigtliturgie", wie sie im Hochmittelalter neben der Messfeier als selbständige Form des Gottesdienstes verbreitet war. Ablauf: 1. Einleitendes Gebet (lat.) 2. gesungener *Hymnus* und *Antiphon* (lat.) 3. Zweites Gebet 4. lat. Entwürfe zu deutschen Predigten zu verschiedenen Anlässen 5. Schuld- und Glaubensbekenntnis (dt.).

Commentariolum petitionis („Handbuch zur Amtsbewerbung"), von *Quintus Tullius Cicero* 64 v. Chr. verfasst, seinem Bruder *Marcus Tullius* anlässlich dessen Bewerbung um das Konsulat gewidmet. Enthält praktische Ratschläge für einen erfolgreichen Wahlkampf.

Herzog, Roman (*1934): deutscher Politiker, Jurist, 1987–1994 Präsident des Deutschen Bundesverfassungsgerichtshofs, 1994–1999 deutscher Bundespräsident. Leitete den ersten europäischen Konvent, der die Charta der Grundrechte der Europäischen Union erarbeitete. 1997 für seine Verdienste um die europäische Einigung mit dem *Karlspreis* der Stadt *Aachen* ausgezeichnet.

Invectiva in Marcum Tullium Ciceronem („Schmähschrift gegen M. Tullius Cicero"): aggressives, anonymes politisches Pamphlet, das auf Ereignisse des Jahres 54 v. Chr. anspielt und oft *Sallust* zugeschrieben wird. *Cicero* wird darin sowohl politisch als selbstgefälliger Opportunist angegriffen als auch persönlich als Mensch verunglimpft.

Klestil, Thomas (1932–2004): österreichischer Diplomat, von 1992 bis 2004 österreichischer Bundespräsident. Bekannte in einer historischen Rede vor der *Knesset*, dem israelischen Parlament, öffentlich Österreichs Mitverantwortung am Holocaust ein und bemühte sich besonders um Kontakte mit den Ländern Ostmitteleuropas.

Laudatio Turiae: Grabrede (*laudatio funebris*) eines Mannes auf seine verstorbene Ehefrau, in 7 Fragmenten einer Inschrift aus augusteischer Zeit (um ca. 5 v. Chr.) erhalten. Wichtige Quelle zum römischen Familienrecht und Privatleben in der turbulenten Zeit der späten Republik (Text nach der Edition von D. Flach; vgl. auch CIL VI 1527).

Ovidius Naso, Publius (43 v.–17 n. Chr.): Geboren in Sulmo (Abruzzen). Als dichterisches Naturtalent („*et quod temptabam scribere, versus erat*") bricht er die Ämterlaufbahn ab und erlangt als Dichter von Liebeselegien („*Amores*") und Lehrgedichten über die Liebe („*Ars amatoria*") in Rom rasch große Popularität. Am Höhepunkt seines Ruhms wird er jedoch von *Kaiser Augustus* nach Tomi am Schwarzen Meer verbannt (die genauen Hintergründe sind bis heute strittig), wo er auch stirbt. Sein Hauptwerk, das mythologische Epos „*Metamorphosen*", ist bis heute eine der reichsten Quellen der Inspiration für Musiker, Literaten und Bildende Künstler.

Piccolomini, Enea Silvio (1405–1464): Humanistischer Gelehrter (Theologe, Dichter, Historiker, Diplomat) aus Corsignano (bei Siena, nach ihm Pienza genannt). Sekretär und Hofdichter des Kaisers Friedrich III., von diesem zum „*poeta laureatus*" gekrönt. Wurde zu einem der Bahnbrecher des Humanismus in Österreich, verfasste u.a. eine „*Historia Friderici III. sive Historia Austrialis*", beschrieb in einem Brief ausführlich die Stadt Wien. Bischof von Triest, später von Siena, 1458 als **Pius II.** zum Papst gewählt. Starb während der Vorbereitung eines Kreuzzuges gegen die Türken, die 1453 Konstantinopel erobert hatten.

Sallustius Crispus, Gaius (86 – ca. 35 v. Chr.): Römischer Historiker aus Amiternum (heute Vittorino) in den Abruzzen, profilierter Gegner *Ciceros*. Stand politisch der Partei der Popularen und deren Führer *C. Iulius Caesar* nahe. Während des Bürgerkrieges begleitete er Caesar auf dessen Afrikafeldzug und wurde von diesem mit der Statthalterschaft der neuen Provinz *Africa nova* betraut, wobei er sich allerdings über das übliche Maß bereicherte, sodass ihm nach der Rückkehr eine Klage drohte. Durch diesen Umstand und die Ermordung Caesars (44 v. Chr.) veranlasst, zog er sich aus der aktiven Politik zurück, blieb aber durch literarische Tätigkeit politisch wirksam: „*Historiae*“ (Zeitgeschichte) sowie historische Monographien: „*De Catilinae coniuratione*“ (Die Verschwörung des Catilina) und „*Bellum Iugurthinum*“ (Der Krieg gegen den Numiderkönig Jugurtha).

Tipps zum Lesen und Surfen

Bücher zur klassischen und modernen Rhetorik

Fuhrmann, M., Die antike Rhetorik. Eine Einführung (Artemis, München ^{4}1995).
Fuhrmann, M., Redekunst am Beispiel Ciceros. Voraussetzungen, Mittel, Ziele (Klett, Stuttgart 1997).
Glücklich, H.-J., Redekunst – Lebenskunst (Vandenhoeck & Ruprecht, Göttingen ^{3}1995)
Gora, S., Grundkurs Rhetorik. Eine Hinführung zum freien Sprechen (Klett, Stuttgart 1992).
Jäger, G. u. a., Rede und Rhetorik im Lateinunterricht. Zur Lektüre von Ciceros Reden (Buchner, Bamberg 1992).
Knape, J., Was ist Rhetorik? (Reclam, Stuttgart 2000).
Lausberg, H., Elemente der literarischen Rhetorik (Hueber, München ^{10}1990).
Loebbert, M. F., Rhetorik. Arbeitstexte für den Unterricht (Reclam, Stuttgart 1991).
Praxis Deutsch, Heft 144. Reden lernen (Friedrich, Seelze 1995).
Quintilian, Institutio oratoria X / Lehrbuch der Redekunst, 10. Buch (Reclam, Stuttgart 1991).
Rhetorik, in: Der Altsprachliche Unterricht Latein/Griechisch 2005 | 2–3 (Friedrich/Klett, Frankfurt am Main 2005)
Schafarschik, W., Herrschaft durch Sprache. Politische Reden (Reclam, Stuttgart 1973/1987).
Schlüter, H., Grundkurs der Rhetorik. Mit einer Textsammlung (dtv, München 1974).
Ueding, G., Klassische Rhetorik (Beck, München ^{3}2000).
Ueding, G., Moderne Rhetorik. Von der Aufklärung bis zur Gegenwart (Beck, München 2000).
Ueding, G. und Steinbrink, B., Grundriss der Rhetorik. Geschichte – Technik – Methode (Metzler, Stuttgart ^{3}1994).

Rhetorik im Internet

- Seminar für Allgemeine Rhetorik der Universität Tübingen:
  http://www.uni-tuebingen.de/Rhetorik/
- Virtuelles Lehrbuch für den Rhetorikunterricht an Schulen:
  http://www.uni.-tuebingen.de/uni/nas/projekte/lehrbuch/inhalt.HTM
- Redenarchiv der Wochenzeitung DIE ZEIT:
  http://www.zeit.de/reden/index
- Rhetorik-Homepage:
  http://www.rhetorik-homepage.de/
- Cicero-Homepage:
  http://www.utexas.edu/depts/classics/documents/Cic.html

Register rhetorischer Termini und Themen

Bildquellen

Umschlag:
Cesare **Maccari** (1840–1919), *Cicero klagt Catalina im römischen Senat der Verschwörung an.* Fresko, 1889. Palazzo Madama, Rom. Ancient Art and Architecture Collection Ltd./The Bridgeman Art Library.

Ancient Art and Architecture Collection Ltd./The Bridgeman Art Library: 32 • APA – Austria Presse Agentur: 61, 63 • Arata, F. P.: Il ritratto romano nella collezione dei Musei Capitolini. Età imperiale. Comune di Roma, Rom 1991: 15 • Barrow, R. J.: Lawrence Alma-Tadema. Phaidon Press, London – New York 2001: 8 • Benediktinerstift Kremsmünster: 66, 67 • CD-Rom Edition „The Yorck Project: 25000 Meisterwerke. Gemälde – Zeichnungen – Grafiken". Berlin 2003: 12, 23, 64, 70 • Comune di Arpino (FR), ufficio promozione: 77 • La conjuración de Catilina y la guerra de Jugurta por Cayo Salustio Crispo. Madrid: Joaquín Ibarra y Marín impresor, 1772: 28, 39 • Connolly, P. – Dodge, H., Die antike Stadt. Könemann, Köln 1998: 26, 33 • Deutsches Historisches Museum, Berlin: 21mr, 55, 71 • FDR-Library Photos of WW2 Collection: 21ml • Gerda Goedhart: 35 • Dietmar Gumprecht: 27, 52 • Hafner, G.: Bildlexikon antiker Personen. Artemis&Winkler, Düsseldorf – Zürich ²1997: 24 • Harris, N.: Römisches Reich. Staatswesen, Alltagsleben, Kultur. Tosa, Wien 2001: 16 • Hutter, C.-P.: Demokratie (= Was ist was, Bd. 103). Tessloff Verlag, Nürnberg 1997: 29, 34 • Istoria Romana. Incisa all'acquaforte da Bartolomeo Pinelli romano. L'anno 1818, e 1819: 42 • Klemens Keplinger: 25, 57 • Klinkicht M. – Siebert, K., Dreihundert berühmte Deutsche. Greiner&Pfeiffer, Stuttgart 1912: 69 • Lazzarini, E., Le poetiche del nudo, mutazioni fra Ottocento e Novecento. Edifir Edizioni, Firenze 2003: 44 • London Press Service: 21l • ÖBV – Österreichischer Bundesverlag: 25, 56, 59 • Osservatore Romano, servizio fotografico: 75 • Platner, Samuel B., The Topography and Monuments of Ancient Rome. Allyn and Bacon, Boston ²1911: 47 • PM History. Magazin für Geschichte (Februar 1999). Gruner+Jahr, Hamburg: 33 • Österreichische Präsidentschaftskanzlei: 72 • The Satyricon of Petronius Arbiter (trans. by W. C. Firebaugh; illustrations by Norman Lindsay). Boni & Liveright, New York 1922: 50 • Szabadi, J.: Art Nouveau in Hungary. Corvina, Budapest 1989: 10 • Ubi Erat Lupa/Ortolf Harl 2000: 17 • UWM Photographic Services Archival Collection/Isador Knox: 21r • Wikimedia Commons: 21m